In necessariis unitas

STUDIEN ZUR INTERKULTURELLEN GESCHICHTE DES CHRISTENTUMS
ETUDES D' HISTOIRE INTERCULTURELLE DU CHRISTIANISME
STUDIES IN THE INTERCULTURAL HISTORY OF CHRISTIANITY
begründet von / fondé par / founded by
Richard Friedli, Walter J. Hollenweger und/et/and Hans J. Margull†
herausgegeben von / édité par / edited by
Mariano Delgado, Université de Fribourg
Jan A. B. Jongeneel, Universiteit Utrecht
Klaus Koschorke, Universität München
Frieder Ludwig, Hermannsburg
Werner Ustorf, University of Birmingham

Vol. 155

PETER LANG

Frankfurt am Main · Berlin · Bern · Bruxelles · New York · Oxford · Wien

Wim H. de Boer
Peter-Ben Smit

In necessariis unitas

Hintergründe zu den ökumenischen
Beziehungen zwischen der *Iglesia
Filipina Independiente*, den Kirchen
der Anglikanischen Gemeinschaft
und den altkatholischen Kirchen
der Utrechter Union

PETER LANG
Internationaler Verlag der Wissenschaften

Bibliografische Information der Deutschen Nationalbibliothek
Die Deutsche Nationalbibliothek verzeichnet diese Publikation in
der Deutschen Nationalbibliografie; detaillierte bibliografische
Daten sind im Internet über http://dnb.d-nb.de abrufbar.

Gedruckt mit finanzieller Unterstützung
des Michaud-Fonds der Universität Bern.

Die Herausgabe des Bandes wurde betreut
von Prof. Dr. Klaus Kokorschke.

ISSN 0170-9240
ISBN 978-3-631-63966-5
© Peter Lang GmbH
Internationaler Verlag der Wissenschaften
Frankfurt am Main 2012
Alle Rechte vorbehalten.

Einführung

Die vorliegenden Studien ermöglichen einen neuen Einblick in die Kontakte zwischen der *Iglesia Filipina Independiente* (IFI), den Kirchen der Anglikanischen Gemeinschaft und den altkatholischen Kirchen der Utrechter Union. Sie sind im Zeitraum 2006-2010 entstanden und gehen hervor aus Archivforschung in den Archiven der IFI und der Utrechter Union. Die erste Studie erschien 2008 in der *Internationalen Kirchlichen Zeitschrift*, wir sind dem Herausgeber der Zeitschrift, Prof. Dr. Urs von Arx, Liebefeld (CH), dankbar für die Erlaubnis, die Studie in diesem Zusammenhang veröffentlichen zu dürfen. Wir danken ihm ebenfalls für seine Unterstützung bei der Entstehung beider Studien. Die zweite Studie ist die erweiterte Fassung der Antrittsvorlesung des Autors an der Universität Bern am 22. Oktober 2010, sie basiert insbesondere auf Archivstudien, die im Sommer 2010 in den Archiven der IFI in St. Andrew's Theological Seminary, Quezon City, durchgeführt wurden. Für die Einladung, zu Unterrichts- und Forschungszwecken in die Philippinen zu reisen ist der Autor der Internationalen Bischofskonferenz der Utrechter Union, und namentlich ihrem Präsidenten, Erzbischof Dr. Joris A.O.L. Vercammen, der Kirchenleitung der IFI, namentlich Obispo Maximo Godofredo J. David, sowie dem Vorsteher des Aglipay Central Theological Seminary, Dekan Dr. Eleuterio J. Revollido, zu Dank verpflichtet. Für einen grosszügigen Druckkostenzuschuss sind wir dem Michaud-Fonds der Universität Bern dankbar.

Wir danken auch dem Herausgeber der Studien zur Interkulturellen Geschichte des Christentums, Herrn Prof. Dr. Klaus Koschorke, München, für die Aufnahme dieser Arbeit in diese Reihe, sowie den MitarbeiterInnen des Verlages Peter Lang für die freundliche Betreuung der Drucklegung.

Wir erhoffen uns, durch die Veröffentlichung dieser Studien, sowohl der theologischen und historischen Wissenschaft, wie auch den beteiligten Kirchen einen Dienst zu erweisen.

Velserbroek/Amsterdam, Wim H. de Boer/Peter-Ben Smit

5

Hinweis zu den Archiven

Die Archive, worauf in den folgenden Beiträgen Bezug genommen wird sind:

Zentralarchiv der *Iglesia Filipina Independiente*, St. Andrew's Theological Seminary, Quezon City, Philippinen.

Bischöfliches Archiv Bern [= BABe].

Inhaltsverzeichnis

Die frühen Beziehungen zwischen der *Iglesia Filipina Independiente* und den altkatholischen Kirchen der Utrechter Union

1. Einführung

Am Ende des 19. Jahrhunderts und am Anfang des 20. Jahrhunderts kam es zu verschiedenen Kontakten zwischen sog. romunabhängigen katholischen Kirchen, zu denen auch die altkatholischen Kirchen zählen[1]. Manche dieser Kontakte führten zu verschiedenartigen Formen von kirchlicher Gemeinschaft: So im Jahr 1889 zur Gemeinschaft zwischen den altkatholischen Kirchen der Schweiz, Deutschland, und den Niederlanden, die später unter dem Namen «Utrechter Union» bekannt werden sollte, und 1931 zur «Bonner Vereinbarung», welche die Basis für die kirchliche Gemeinschaft zwischen der Kirche von England und den altkatholischen Kirchen der Utrechter Union darstellt. Andere Kontakte, die im selben Zeitraum zustande kamen, führten nicht zu solchen Feststellungen von kirchlicher Gemeinschaft, sondern endeten damit, dass Kirchen getrennte Wege gingen. Ein Beispiel dafür sind die frühen Kontakte zwischen der Philippinischen Unabhängigen Kirche (*Iglesia Filipina Independiente – IFI*) – hauptsächlich vertreten durch ihren ersten *Obispo Maximo,* Gregorio Aglipay (1860-1940)[2] – und den altkatholischen

---

1   Wir bedanken sich bei den folgenden Personen, die zur Entstehung dieses Aufsatzes beigetragen haben: Prof. Urs von Arx (Bern), Prof. Angela Berlis (Utrecht, jetzt Bern), Bischof Dr. Dick J. Schoon (Amsterdam), Pfr. Christoph Schuler (Bern) und Pfr. Annemarie Kaufmann (La Chaux-de-Fonds, jetzt Bern). Für die sprachliche Korrektur des Manuskriptes danken wir dipl. theol. Katharina Johnson, New York, sowie Prof. Urs von Arx, Bern. – Dieser Beitrag erschien voher als: WIM DE BOER/ PETER-BEN SMIT, Die frühen Beziehungen zwischen der Iglesia Filipina Independiente und den altkatholischen Kirchen der Utrechter Union, in: IKZ 98 (2008) 122-144.169-190. Die Typographie der Erstveröffentlichung wurde beibehalten.

2   Gregorio Aglipay y Labayan (8. Mai 1860 – 1. September 1940), 1890 römisch-katholischer Priester, ab 1902 bis zu seinem Tod Leitender Bischof der *Iglesia Filipina Independiente.* Vgl. zu seiner Person z.B. AMBROSIO MANALIGOD, Aglipay, Hero or Villain, Manila (Foundation) 1977, und die verschiedenen Darstellungen von Aglipay, mit denen der Autor sich auseinandersetzt.

11

Kirchen der Utrechter Union – hauptsächlich vertreten durch Bischof Eduard Herzog (1841-1924) von der Christkatholischen Kirche der Schweiz[3]. Obwohl im Jahre 1965 kirchliche Gemeinschaft zwischen diesen Kirchen festgestellt wurde, die freilich erst am Ende des 20. Jahrhunderts eine grössere Bedeutung für das Leben der beiden Kirchen bekommen hat, führte eine frühere Phase von Kontakten, die von 1903 bis 1912 dauerte, zu einem Abbruch derselben und nicht zu kirchlicher Gemeinschaft. Dieser Beitrag zeigt auf, wie diese Kontakte entstanden, wie sie verliefen und was schliesslich der Grund dafür war, dass es damals nicht zur Feststellung kirchlicher Gemeinschaft zwischen Altkatholiken und der IFI kommen konnte. Damit liefert dieser Aufsatz einen Beitrag zu der Kirchengeschichte der IFI und der altkatholischen Kirchen, aber auch zur weiteren Geschichte der Ökumene, in der diese Kontakte ihren Ort haben.

Nach einem Überblick über die vorhandenen Meinungen über den Verlauf der Kontakte zwischen Altkathokliken und IFI zeigt der Aufsatz anhand verschiedener Korrespondenzen auf, wie die Kontakte tatsächlich verlaufen sind, und wird zur Schlussfolgerung gelangen, dass letztlich Unterschiede in der Glaubenslehre der entscheidende Punkt für deren Abbruch waren. Es wird dabei nicht möglich sein, alle Korrespondenz-Stränge, die sich in den ersten zwei Jahrzehnten des 20. Jahrhunderts im Rahmen von Beziehungen zwischen der IFI und den Altkatholiken entwickelten, vollständig oder auch nur gleichmässig zu berücksichtigen. Die Auswahl, die hier präsentiert wird, ist eher in der Hinsicht repräsentativ, dass alle Überlegungen, wie sie von den verschiedenen Akteuren vorgetragen wurden, berücksichtigt werden.

---

3   Zur Geschichte der Christkatholischen Kirche der Schweiz, vgl. z.B. Urs Küry, Die altkatholische Kirche, Ihre Geschichte, ihre Lehre, ihr Anliegen, 2. ergänzte Auflage hg. von Christian Oeyen (KW 3), Stuttgart (Evangelisches Verlagswerk) 1978, 79-92; zur Geschichte der IFI, vgl. z.B. Wenifredo B. Vergara, Dynamics of Religious Revolution. History and Theology of the Philippine Independent Church With Implications for Renewal, D.Min. Dissertation (San Francisco Theological Seminary) 1989, 24-113. Wichtig ist vor allem, dass die beiden Kirchen ab 1875/76 (erste Session der Nationalsynode; Wahl und Weihe von Eduard Herzog zum ersten Bischof der Christkatholischen Kirche der Schweiz), bzw. ab 1902 (Proklamation der IFI) als romunabhängige katholische Kirchen existierten, wobei vor allem die Christkatholische Kirche im Rahmen des altkatholischen ökumenischen Programms unter Anführung ihres ersten Bischofs Eduard Herzog sehr interessiert an geeigneten ökumenischen Partnern war.

2. Meinungen über den Verlauf der Kontakte zwischen der IFI und der Utrechter Union in den Jahren 1903-1912

Es gibt in der Forschung insgesamt drei verschiedene Meinungen über den Verlauf und vor allem über die Gründe für den 1912 erfolgten Abbruch der Kontakte zwischen der IFI und der Utrechter Union. Da diese Ansichten den Hintergrund dieses Beitrages bilden, sollen sie hier kurz vorgestellt werden. Zudem soll noch ein weitere möglicher Grund für dass Ende der Beziehungen genannt werden.

Adolf Küry schrieb 1948 in der «Kirchlichen Chronik» der «Internationalen Kirchlichen Zeitschrift», dass die Gründe für den Abbruch der Kontakte die folgenden waren:

> Aglipay hatte Beziehungen mit der protestantisch-bischöflichen Kirche der USA und mit dem Altkatholismus Europas angeknüpft. Sein Misstrauen gegen die Spanische Kirche übertrug er auf andere fremde Kirchen. Dazu kam, dass er bezüglich der Lehre seine eigenen Wege ging, altchristliche Dogmen aufgab und ein neues Glaubensbekenntnis aufstellte, trotzdem er am katholischen Charakter der Kirche festhalten wollte. Er näherte sich den Unitariern, und Vertreter seiner Kirche haben in der Folge wiederholt an Kongressen des freien Protestantismus teilgenommen. Die bischöfliche Kirche distanzierte sich von ihm, und auch die Beziehungen mit den Altkatholiken hörten auf, als Bischof Dr. E. Herzog in Bern den im Jahre 1912 herausgegeben Katechismus Aglipays einer verdienten Kritik unterwarf.[4]

Später haben zwei weitere Altkatholiken, Fred Smit und Harald Rein, die Meinung vertreten, dass der Grund des Abbruches der Kontakte in der Vorsicht der Internationalen Bischofskonferenz (IBK), des zentralen Organs der Utrechter Union zu suchen sei, die sie anderen neu entstandenen romunabhängigen katholischen Kirchen gegenüber an den Tag legte. Diese Vorsicht sei auf die schlechten Erfahrungen zurückzuführen, welche die IBK mit Personen gemacht hatte, die von kirchlichen Gruppen zum Bischof gewählt waren und eine Weihe durch die IBK gesucht hätten, so namentlich Arnold Harris Mathews und Richard O'Halloran[5]. Auf Seiten Aglipays gibt es zudem ein

---

4 ADOLF KÜRY, Die unabhängige Kirche auf den Philippinen, in: IKZ 38 (1948) 144-148, hier 145.

5 Vgl. FRED SMIT, Die weitere Entwicklung der Utrechter Union (der altkatholischen Bischöfe) von 1889 bis 1909, in: IKZ 79 (1989) 104-135, hier 135; übernommen von HARALD REIN, Kirchengemeinschaft. Die anglikanisch-altkatholisch-orthodoxen

Zeugnis dafür, dass er Kontakte mit der US-amerikanischen Episkopalkirche bevorzugte, denn er soll am 13. Juni 1904 zu Charles H. Brent, dem damaligen Bischof des episkopalen Missionsdistriktes auf den Philippinen gesagt haben, dass es am besten wäre, mit der Episkopalkirche zusammen zu arbeiten, um so den gegen seine Kirche erhobenen Vorwurf des Anti-Amerikanismus zu beseitigen[6]. Auch ist von einem anonymen IFI-Autor behauptet worden, dass die Betonung der Autonomie der IFI engere Kontakte mit ausländischen Kirchen verhindert habe[7].

Ferner ist der Grund für den Abbruch der Kontakte mit den Altkatholiken in der psychischen Verfassung von Aglipay gesucht worden, wofür De Achútegui und Benard ein Beispiel sind. Sie gehen davon aus, dass Aglipay zwar Kontakte mit den Altkatholiken geknüpft hatte, dann aber aus psychischen Gründen nicht im Stande war, auch den letzten Schritt zu tun und sich der Utrechter Union anzuschliessen.

Schliesslich ist zu bedenken, dass die geographische Distanz zwischen Europa und den Philippinen konkrete Beziehungen erschwerte. In diesem Kontext kann man ausserdem noch die Frage stellen, inwiefern Aglipay und Herzog, die beiden wichtigsten Protagonisten, es sich leisten konnten, sich auf lange Reisen zu begeben, die sie weit weg von ihren sich noch im Aufbau befindenden Kirchen geführt hätten[8].

Damit treten für den Abbruch der Kontakte im Jahr 1912 doktrinäre, kirchenpolitische, psychologische oder auch ganz praktische Gründe in Sicht. Mit diesen Optionen im Hintergrund sollen nun die verschiedenen Korrespondenzen vorgestellt werden.

Beziehungen von 1870 bis 1990 und ihre ökumenische Relevanz. Band 1 (EHS.T 477), Frankfurt a.M. (Lang) 1993, 412.

6   Vgl. PEDRO S. DE ACHÚTEGUI/MIGUEL A. BENARD, Religious Revolution in the Philippines I, Manila (Ateneo de Manila) 1960, 406; die Autoren beziegen sich auf Notizen, die in der Nachlassenschaft Brents gefunden worden sind, aber sie machen leider keine genauen Angaben.

7   A.a.O., 406; die Autoren verweisen auf einen Beitrag in «The Christian Register» (Januar 1957), S. 4, geben aber keine Details. Diese Nummer stand uns nicht zur Verfügung; Exemplare dieser Zeitschrift – ab 1952 die Kirchenzeitung der IFI – sind notorisch schwierig zu beschaffen.

8   Wie aber aus den verschiedenen Korrespondenzen hervorgeht, betrachtete man eine derartige Reise (durch den Suezkanal) durchaus als machbar, vgl. die detaillierten Ausführungen von Miraglia (unten 5).

3. Der Anfang der Kontakte

Der früheste Beleg für die Kontakte, die hier analysiert werden sollen, ist – erstaunlicherweise – nicht ein Brief von *Obispo Maximo* Aglipay an einen altkatholischen Bischof, sondern gerade umgekehrt; es handelt sich um einen englischsprachigen Brief von Bischof Herzog an Aglipay vom 1. Dezember 1903 mit folgendem Inhalt:

> Pax tecum!
> Dear Lord and Brother,
> I have read with very much satisfaction your article in The Independent of 29 October 1903.
> May God be with your Lordship and your Church!
> You don't know perhaps that there are in Switzerland, Germany, Holland, Austria similar catholic national Churches as you have organized so happily in your Islands. We hold the catholic faith, the catholic sacraments, the catholic liturgy, the catholic constitution of the church, but we are independent from the Pope and especially we deny the Vatican Decrees.
> It seems to me, that those national Churches should be in brotherly union to show the world that it is possible to be catholic everywhere without being submitted to Rome. As a sign of my brotherly feelings I send you the list of my clergy.
> I would accept your communications always with gratitude
> Wishing you every grace of God our Father, I am with much respect your Brother in Christ O[ur] L[ord].
> + Edward Herzog, Bishop.[9]

Dieser Brief stellt deutlich der Anfang einer Korrespondenz dar. Dies ist an und für sich schon eine bedeutsame Tatsache. Es ist also nicht der Fall, dass Aglipay auf die Suche ging nach Geistesverwandten, zum Beispiel um die Bischofsweihen seiner Kirche (in den Augen Roms) regulär zu machen,[10] son-

---

9   Herzog an Aglipay, Bern, 1. Dezember 1903: IFI Archives, OM 1.1, 1903-1905, Box 1, Folder 1. Herzog fügte dem Brief ein Verzeichnis der Geistlichkeit seiner Kirche bei (Stand: Synode 1903). «The Independent» war eine in Manila herausgegebene nationale Zeitung auf den Philippinen. Es ist unbekannt, wie Herzog zu dieser Zeitung gekommen ist. Es kann sein, dass sie ihm von Bischof Brent (s. unten) vermittelt wurde, allerdings gibt es dafür keine deutlichen Hinweise; der erste Brief von Brent an Herzog, der sich auf die Philippinen bezieht, ist vom 27. Juli 1904 datiert.

10 Vgl. z.B. DE ACHÚTEGUI/BENARD, Revolution I (wie Anm. 6), 381-409; ihre Behauptung, dass Aglipay sich eigentlich nie wirklich als Bischof, sondern immer als Priester betrachtet hat, trifft nur nach dem Massstab zu, mit dem sie Aglipay und seine

dern es ist Herzog, der vermutet, in den Philippinen einen möglichen Partner gefunden zu haben.

Schon elf Tage später, am 12. Dezember 1903, schreibt Herzog Aglipay einen zweiten Brief, ohne schon eine Antwort aus den Philippinen erhalten zu haben. In diesem zweiten Brief, der offenbar eine genauere Lektüre des Beitrages von Aglipay in «The Independent» voraussetzt, stellt Herzog einige informative Fragen und verspricht Aglipay, ihn zum nächsten Internationalen Altkatholikenkongress von 1904 einzuladen:

> Right Reverend and Dear Sir,
>
> I see in 'The Independent' that you have your own official paper 'La Verdad'. Would you have the kindness to send me the paper regularly. I will send you our weekly gazette 'Der Katholik'. Perhaps you know German or you will find a man who understands it.
>
> The next summer we shall have here at Berne an international Congress to which all independent catholic Churches are invited. I shall send you an invitation as soon as the time of the gathering is fixed.
>
> It would be very important if you and some other bishops could come.
>
> In the 'Katholik' of this day I have spoken of your work. To our readers it would be most interesting to know by whom and where you have received your Episcopal consecration.
>
> We are very anxious to show to the world that our independence from Rome does not hinder us to be good Catholics.
>
> Believe me, Right Reverend and dear Brother in O[ur] L[ord] J[esus] C[hrist].
>
> Yours very sincerely
>
> + E. Herzog, Bishop.[11]

Herzog fand die Möglichkeit, mit der IFI eine Beziehung aufzubauen, offenbar interessant, denn etwas später mahnt er Aglipay, auf seine Briefe zu antworten, und weist auf weitere Möglichkeiten, die Beziehung zu vertiefen, hin:

> Right Reverend and Dear Sir,
>
> It is a long way from Switzerland to your Islands, but I hope that I soon shall have an answer to my letters. I wish you again to give you some information on the list of lessons which I send you with the same post. Our candidates of priesthood receive their theological instructions at the 'Catholic Theological Faculty' which is incorporated by the state in the university of Berne. There are 5 professors; as you see, I am one of them. Professor Kunz is an excellent English scholar. The lessons

---

Theologie messen. Für Aglipay selbst war es klar, dass Bischöfe in der Tradition des Hieronymus einfach eine besondere Art von Priestern sind.

11   IFI Archives: OM 1.1, 1903-1905, Box 1, Folder 1. Der Kongress fand dann in Olten statt.

are given in German and French. The Faculty has all academic rights, especially
the right to confer the degree of a 'Doctor Theologiae'. Now I think it would be a
very good means to establish a closer union between us, if you could send some
students or young priests of good manners to finish their studies at our school and
to make acquaintance with our church. The life is not very dear here and we could
give some financial help. We have no seminary; the students are quite free, like the
other students to take their pension where they want.
With high veneration,and brotherly love in X .J.
Truly yours
Edward Herzog.[12]

Aglipay antwortet am 26. Februar 1904 auf die ersten beiden Briefe von
Herzog[13]. Er bedankt sich für die Kontaktaufnahme, verspricht Herzog, ihm
regelmässig «La Verdad» zukommen zu lassen. In dieser Zeitschrift sind
auch die «Doctrine and Constitutional Rules» der IFI veröffentlich worden,
allerdings auf Spanisch, von dem Aglipay hofft, dass Herzog es verstehe.
Weiter gibt er eine etwas verhüllende Aufklärung über seine Bischofsweihe,
sowie einige Angaben über die Kirche in den Philippinen im Allgemeinen,
und er urteilt, dass Rom auf den Philippinen viel verloren habe[14]. Interessant
ist, dass Aglipay zwar angibt, dass er von den Bischöfen von Manila, Cavite
und Nueva Ecija konsekriert worden sei, aber nicht, woher deren apostolische Sukzession stammt. Zudem dürften die Zahlen, die Aglipay angibt (20
Bischöfe, 40 Bistumsverweser, 249 Priester, 12 Priesterseminare), auch für
ihn schwer überprüfbar gewesen sein.

Aglipay antwortet auf Herzogs dritten Brief (vom 8. Februar 1904) schon
am 19. April des gleichen Jahres. Er bedankt sich für die Zusendung des Hir-
tenbriefes «La pratique de la religion dans la familie», des Stundenplans der
Katholisch-theologischen Fakultät der Universität Bern, und er äussert sich
positiv zur Möglichkeit der Weiterbildung von philippinischen Studenten in
Bern sowie zur Möglichkeit eines Beitrittes zur Utrechter Union, wie dies von

---

12   Herzog an Aglipay, 8. Februar 1904: IFI Archives, OM 1.1, 1903-1910, Box 1, Folder 2.
13   Bischöfliches Archiv Bern [= BABe], AH 34 (Philippinen). Da Aglipay der engli-
      schen Sprache nicht mächtig war, wurde der Brief von dem damaligen Generalse-
      kretär des «Supreme Council of Bishops» der IFI, Isidoro Perez, selber Bischof von
      Cagayan, geschrieben.
14   Diese Periode war für die IFI eine Zeit des Aufschwungs, vgl. z.B. FRANCIS H. WISE,
      The History of the Philippine Independent Church, unveröffentlichte Masterarbeit,
      Manila (University of the Philippines) 1954, 195-197.

Herzog angedeutet worden ist. Im Kontext dieser Vorhaben erkundigt er sich über die Grundlagen der Utrechter Union[15].

Am 25. April 1904 reagiert Herzog auf Aglipays Brief vom 26. Februar[16]. Herzog freut sich, dass er einige Ausgaben der IFI Zeitschrift «La Iglesia Filipina Independiente» erhalten hat, und lädt Aglipay und andere Bischöfe zum Internationalen Altkatholikenkongress in Olten, sowie zur zeitgleichen Sitzung der IBK ein. Zudem bittet er Aglipay um die Zusendung einer englischen Übersetzung der offiziellen Grundlagen der IFI, sowie um regelmässige Zusendung des offiziellen Organs der IFI, damit er im «Katholik» über die IFI entsprechend berichten kann.

Am 1. Juni 1904 verschickt Aglipay zwei Briefe. Der erste Brief ist eine direkte Antwort auf Herzogs Brief vom 25. April[17], der zweite ist eine Antwort auf die von Herzog ausgesprochene Einladung zum Altkatholikenkongress und zur Sitzung der IBK. Aglipay bedankt sich im ersten Brief für die ausgesprochenen Einladungen, hält aber angesichts der (nicht näher beschriebenen) Situation in den Philippinen eine Teilnahme für sehr unwahrscheinlich. Er verspricht, per separater Post Herzog zusätzliche Exemplare des offiziellen Organs der IFI zukommen zu lassen, und will ihm auch die künftigen Nummern regelmässig zustellen. Er stellt auch Übersetzungen der offiziellen Dokumente der IFI in Aussicht.

Im zweiten Brief[18] richtet sich Aglipay an den «International Congress of Bishops of Independent Churches,» womit vermutlich sowohl die IBK als auch der Internationale Altkatholikenkongress gemeint ist. Aglipay grüsst den Kongress, erwähnt Herzogs Vermittlung und drückt seine Hoffnung aus, dass die IFI als unabhängige Nationalkirche weiterhin wachsen und die Filipinos mit dem unverfälschten Wort Gottes evangelisieren darf. Wer mit der Terminologie von Aglipays theologischen Revisionen bekannt ist,

---

15 Aglipay an Herzog, 19. April 1904: BABe, AH 34 (Philippinen).

16 IFI Archives, OM 1.1, 1903-1910, Box 1, Folder 2. [Auch in BABe, AH 84,288. Die drei früheren Briefe Herzogs an Aglipay finden sich nicht in den chronologisch angelegten Kopialbüchern der umfangreichen Korrespondenz des Bischofs, der damals allerdings wegen eines Augenleidens auf die Hilfe eines Sekretärs angewiesen war. Im Folgenden wird erwähnt, wenn ein Brief Herzogs in einem Kopialbuch zu finden ist. *Anm.d.Red.*]

17 Aglipay an Herzog, 1. Juni 1904: BABe, AH 34 (Philippinen).

18 Aglipay an Herzog, 1. Juni 1904: BABe, AH 34 (Philippinen). Der Brief ist mitunterzeichnet von dem schon erwähnten Bischof Isidoro Perez, Generalsekretär des «Supreme Council of Bishops» der IFI und Bischof von Cagayan.

erkennt, dass dies ein Hinweis auf entsprechende Reformen ist, allerdings in recht verhüllender Terminologie für diejenigen die, wie Herzog, nicht mit Aglipays Programm für theologische Erneuerung bekannt waren[19].

Die Korrespondenz verläuft nun auf zwei verschiedenen Gleisen: Herzog antwortet Aglipay am 4. Juni 1904 auf dessen Brief vom 19. April, während die beiden Briefe Aglipays vom 1. Juni noch unterwegs sind[20]. Herzog äussert seine Freude über Aglipays Annahme der Idee, eine engere Gemeinschaft zwischen der IFI und den Kirchen der Utrechter Union (dieser Name selbst fällt nicht) einzugehen. Er betont im gleichen Atemzug, dass diese Gemeinschaft die vollständige Unabhängigkeit («full independence») der IFI nicht gefährden würde. Zudem verspricht er, die Utrechter Erklärung von 1889 auf Deutsch und auf Spanisch zu schicken. In diesem Zusammenhang betont er (in einem separaten Brief vom 16. Juni)[21], dass die IFI zu nichts verpflichtet wäre, was nur in einem europäischen Kontext möglich sei. Ferner bittet Herzog um die weitere Zusendung der Zeitschrift «La Iglesia Filipina», da die Leserschaft des «Katholik» sich sehr über eine weitere Berichterstattung freuen würde. Er erkundigt sich auch darüber, ob die IFI die apostolische Sukzession aufgegeben habe, wie er in «römischen» (sic) Zeitungen gelesen habe. Es wäre für die Altkatholiken in Europa ein schwerer Schlag, wenn die IFI dieses Zeichen der Katholizität («mark of catholicity») aufgegeben hätte. Zum Schluss weist Herzog nochmals auf den Altkatholikenkongress hin, bittet Aglipay, möglichst daran teilzunehmen, und erwähnt, dass der Kongress auch eine gute Möglichkeit wäre, sich in einem trilateralen Gespräch mit der Episkopalkirche – mit der Aglipay sowieso schon in Verbindung stehe, wie Herzog vermutet[22] – zu verständigen. In dem Moment, in dem Aglipay anfängt, sein theologisches Programm anzudeuten, beginnt Herzog seinerseits, auf Grund von Angaben, die er in der Presse vernimmt, und von eigenen Vermutungen, Fragen zu stellen.

Der nächste dokumentierbare Schritt in den Beziehungen stellt ein Brief dar, den Herzog am 1. September 1904 im Namen der IBK an Aglipay sendet,

---

19 Vgl. für dieses Programm besonders die sog. «Fundamental Epistles» der IFI und die Kirchenverfassung von 1903. Eine sehr kritische Darstellung bieten DE ACHÚTEGUI/BENARD, Revolution I (wie Anm. 6), 256-310.

20 Herzog an Aglipay, 4. Juni 1904: IFI Archives, OM 1.1, 1903-1910, Box 1, Folder 2.

21 Herzog an Aglipay, 16. Juni 1904: IFI Archives, OM 1.1, 1903-1910, Box 1, Folder 2.

22 Für Herzog ist das allerdings eigentlich keine Vermutung, denn er hat von Bischof Brent vernommen, dass es Kontakte gibt, vgl. unten 4.1.

und zwar vom Oltner Kongress aus[23]. Darin ist weiterhin von der Feststellung kirchlicher Gemeinschaft zwischen den altkatholischen Kirchen und der IFI die Rede, obwohl angemerkt wird, dass diese Beziehung wegen der grosser räumlichen Distanz zwischen Europa und den Philippinen wohl eher im Geist als von Angesicht zu Angesicht existieren wird. Die Bischöfe der IBK äussern im Brief ihre Freude über «the great success with which God blesses your endeavour for the Filipinos without abandoning the catholic Doctrines or injuring the constitution of the Catholic Church»[24]. Nachdem sie Aglipay für seinen Brief vom 1. Juni 1904, den sie als Zeichen brüderlicher Gefühle interpretieren, gedankt haben, fahren sie folgendermassen fort:

> As our fellow bishop Eduard Herzog informs us, you are in possession of the Creed addressed by us to the Catholic Church of the 24th of Nov. 1889 as well of the agreements, by which on the same day, we have regulated our ecclesiastical relations among one another. You will see from the above, that although we reject the false Doctrines, the pretensions to power and the abuses of the papacy, we strictly adhere to the Catholic Doctrines, the constitution of the Church and the liturgy.

Damit lenkt also die IBK zum zweiten Male die Aufmerksamkeit auf ihre Hochschätzung der Treue zur katholischen Tradition ohne römische Abirrungen. Es ist zudem auffällig, dass die Utrechter Erklärung hier als «Creed», d.h. als Glaubensbekenntnis erscheint, was ihre ursprüngliche Funktion wohl übersteigt[25]. Auch betont die IBK, dass kirchliche Gemeinschaft nicht bedeute, dass die «full autonomy of the national churches» aufgegeben würde. Diese hat allerdings gewisse Grenzen, wie aus dem unmittelbaren Fortgang des Schreibens hervorgeht:

> Without wishing to derogate from the independence of your church or to forestall your own judgement as to that which benefits your church, we beg to call your

---

23 IBK an Aglipay, 1. September 1904: IFI Archives, OM 1.1, 1903-1910, Box 1, Folder 2. Die IBK tagte zur Zeit des Kongresses, vgl. IBK-Protokoll vom 1. September 1904, S. 2: «Bischof Herzog referirt über die Lage auf den Philippinen; er wird beauftragt, den von ihm vorgelesenen Entwurf einer Antwort an H. Erzb. Aglipay Namens der Conferenz abzuschicken.» Diese kurze Notiz ist alles, was 1902-1913 in den IBK-Protokollen über die IFI zu finden ist (BABe).

24 IBK an Aglipay, 1. September 1904 (wie Anm. 23).

25 Dies ist ein weiterer Beleg für die allmähliche «Konfessionalisierung» der Altkatholiken, und zwar in dem Sinn, dass die «Utrechter Erklärung» anfängt, als *Bekenntnis* zu funktionieren. Vgl. URS VON ARX, Vorwort, in: DERS./ MAJA WEYERMANN (Hg.), Statut der Internationalen Altkatholischen Bischofskonferenz (IBK). Offizielle Ausgabe in fünf Sprachen, Beiheft IKZ 91 (2001) 3-11, hier 3, Anm. 2.

attention above all to our adhering to the apostolic succession, that a church can only be considered a Catholic church, if its bishops have been consecrated by other Catholic bishops. If the bishops of your church should hitherto not have received the Catholic consecration, we would address to you the urgent entreaty, to be mindful of supplying this want.

Die Bischöfe der IBK zeigen also viel Vorsicht, was die Anerkennung dieser Kirche als katholische Kirche anbelangt. Ähnlich wie Herzog in seinem früheren Brief vom 4. Juni wird sowohl das Anliegen der Altkatholiken dargelegt als auch eine Frage zu den Bischofsweihen der IFI gestellt. So kontrollieren die Bischöfe die Angaben, die sie über Herzog von Brent erhalten haben, und kommen auch den Bedenken des niederländischen Episkopates entgegen[26]. Bischof Brent nahm selber am Internationalen Altkatholikenkongress von 1904 teil und präsentierte zu Handen der IBK, die im Rahmen des Kongresses zu einer Sitzung zusammentrat, seine Sicht der IFI[27].

Ein weiterer dokumentierbarer Schritt in der Korrespondenz zwischen Herzog bzw. der IBK und Aglipay ist ein Brief von Aglipay an Herzog vom 25. Februar 1905. Einen Tag zuvor, am 24. Februar, kam es in Bern zu einer anderthalbstündigen «Besprechung» von Vertretern der IFI und der Altkatholiken[28]. Auf altkatholischer Seite nahmen Bischof Eduard Herzog (Bern), Professor Eugène Michaud (Bern), Pfarrer Albert Rais (La Chaux-de-Fonds) und als Sekretär Vikar Wilhelm Heim (Bern) teil, während die IFI durch einen Mittelsmann, Emile Barrel (damals in La Chaux-de-Fonds), vertreten war; zudem war auch noch der Kanoniker und Seminarprofessor Adolpho Gil (aus San Salvador) anwesend. Barrel war offenbar durch Vermittlung von Pfr. Rais mit Herzog in direkten Kontakt getreten, und zwar – wie es scheint – im Auftrag eines weiteren Protagonisten in der ganzen Angelegenheit, nämlich des spanischen Politikers Miguel Morayta (siehe unten 4.2); weitere Informationen über ihn waren nicht zu erlangen[29]. Gil war ein ehe-

---

26 Vgl. unten 4.3.

27 Vgl. unten 4.1. Für die Beteiligung Brents am Kongress vgl. Bericht über den 6. internationalen Altkatholiken-Kongress in Olten vom 1. bis 4. September 1904, Aarau (Wirz) 1905, 36-38.142.

28 Das dreiseitige handschriftliche Protokoll findet sich in: BABe, AH 34 (Philippinen). [Herzog sorgte dafür, dass das Treffen in einem Raum (Nr. 17) der Universität Bern stattfinden konnte; vgl. Herzog an Rais, 22. Februar 1905: BABe, AH 85,151]

29 Versuche, über das christkatholische Pfarramt von La Chaux-de-Fonds weitere Informationen über Barrel zu erhalten, blieben trotz der Anstrengungen des damaligen Pfarrers, Christoph Schuler, ohne Erfolg. Bekannt ist aber, dass Barrel 1905 an

maliger römisch-katholischer Geistlicher, der sich damals an die Spitze einer «Iglesia Catolica Cristiana en la America Latina» stellte[30] und 1905 offenbar noch relativ eng mit Bischof Herzog verbunden war[31]. Er scheint allerdings bei den Kontakten mit der IFI keine weitere Rolle gespielt zu haben und dürfte 1905 wohl wegen seiner Spanisch-Kenntnisse bei der Sitzung dabei gewesen sein. Während der Sitzung gibt Barrel an, dass er ermächtigt sei, im Namen der IFI über Bischofsweihen zu verhandeln, und fragt nach den altkatholischen Bedingungen. Herzog, der sich darüber mit Prof. Michaud verständigt hat, nennt daraufhin deren fünf: ein vollständiges *Curriculum vitae* der zu weihenden Priester, ein autorisierter Beleg ihrer Wahl zum Bischof, eine Beschreibung der aktuellen Situation der IFI (kirchliche Statistik), die

---

der Rue du Grenier 14 in La Chaux-de-Fonds wohnte, wie ein Brief Herzogs zeigt, der die Zusendung des Protokolls der Sitzung vom 24. Februar 1905 und weitere Dokumente (namentlich die von Aglipay zu unterschreibenden «Utrechter Erklärung» von 1889) begleitet; Herzog äussert in diesem Schreiben die Hoffnung, dass jemand alles ins Spanische übersetzen wird und dankt Barrel nochmals für seine Hilfe (BABe, AH 85, 153). Barrel hielt sich vermutlich nur vorübergehend in La Chaux-de Fonds auf. ISABELO DE LOS REYES, JR., The Iglesia Filipina Independiente (Philippine Independent Church), in: Historical Magazine of the Protestant Episcopal Church 17 (1948), 132-137, hier 133, nennt Barrel «the French deputy», aber Nachforschungen bei der französischen Assemblée Nationale belegen, dass Barrel kein Mitglied dieses Gremiums gewesen ist (Brief von Dominique Anglès, administrateur-adjoint des «Service des Archives et de la recherche Historique Parlementaire» (Paris) vom 13. Oktober 2007 an Wim H. de Boer). Zu Barrel vgl. noch Anm. 32 und unten 4.2.

30   Vgl. ADOLFO GIL, Primera Pastoral del Prelado de la Iglesia Catolica Cristiana en la America Latina, Bern (Stämpfli) 1905.

31   Aus den Jahren 1903-1905 existiert eine Korrespondenz zwischen Gil (BABe, AH 3 [Lateinamerika]) und Herzog (BABe AH 84,145; 85,141. 322. 492), die belegt, wie Gil, der während der Korrespondenz von Lateinamerika nach Europa und später nach New York reiste, daran interessiert war, in Lateinamerika, speziell in Nicaragua, eine katholische Nationalkirche aufzubauen. Herzog hat ihm am 27. Februar 1905 ein *Celebret* erteilt (AH 85,152). Aglipay wird in dieser Korrespondenz nur zweimal erwähnt: In einem Brief von Gil an Herzog vom 28. April 1905 wird Aglipay kurz beschrieben als eine Person, die beim damaligen Präsidenten Roosevelt der USA religiöse Freiheit für die Philippinen bewirken könnte, und am 1. Dezember 1905 fragt Herzog bei Gil nach, ob die philippinischen *electi* für ihre Bischofsweihe nach Bern kommen könnten. Ende 1905 scheint der Kontakt zwischen Gil und Herzog zu einem Ende gekommen zu sein; Gil befand sich damals in New York (Freundliche Mitteilung über diese Korrespondenz von Urs von Arx, Bern).

Annahme der «Utrechter Erklärung», die von den zu weihenden Priestern zu unterschreiben ist, wie auch der «Vereinbarung» als einem weiteren Teil der Utrechter Konvention von 1889. Auch wiederholt Herzog die Bedeutung eines Weiterbildungsaufenthaltes philippinischer Studierender an der Katholisch-theologischen Fakultät der Universität Bern:

Herzog hat die Ergebnisse der Sitzung am 1. März 1905 brieflich an Aglipay übermittelt:

> Right Reverend and Dear Sir
>
> I have received with high satisfaction the visit of Mr. Emil Barrel, your delegate in the question of your consecration.
>
> In the conference of the 24th February we regulated the conditions under which the old catholic Bishops of Europe can give, as I believe, the catholic consecration to your episcopate.
>
> With this letter I have the pleasure to send you
>
> 1. the protocol of our conference,
> 2. the *declaration of faith* which we have,
> 3. the *convention* by which the intercourse between the old catholic bishops is regulated,
> 4. some *Notes* to explain the declaration of faith.
>
> If your Lordship can accept the conditions indicated in these documents, I shall be very happy to propose to my brother Bishops your consecration and to cooperate at this most important and holy occasion.
>
> Expecting your kind answer I am with brotherly feelings truly yours in J[esus] Ch[rist].
>
> Edward Herzog, Bishop.[32]

---

32 Herzog an Aglipay, 1. März 1905: BABe, AH 85,158 (Transkription U. von Arx). Am selben Tag teilte Herzog die Ergebnisse der Sitzung auch dem Erzbischof von Utrecht und dem deutschen altkatholischen Bischof mit, vgl. unten 4.3 und 4.4. Die genannten Bedingungen erscheinen übrigens auch in einem Brief Moraytas, der davon von Barrel erfahren haben muss; vgl. unten 4.2.2. [Von den vier oben erwähnten Dokumenten finden sich in BABe, AH 34 (Philippinen) jeweils französische Fassungen: ein maschinengeschriebenes Protokoll der Sitzung vom 24. Februar 1905, das eine freie Übersetzung des handschriftlichen deutschen Textes ist, sowie gedruckt die «Déclaration» (mit einer Eingangsklausel, dass der Unterzeichnende ihr vorbehaltlos beitritt), die «Convention» und eine «Note», die – offenkundig von E. Michaud formuliert – in fünf Punkten skizziert, was «nous reconnaissons» bzw. «confessons» bzw. «admettons», und in einem, was «nous rejetons», nämlich das Papsttum, wie es in den westlichen Generalkonzilen erscheint. Die französische Übersetzung des Protokolls bezeichnet Barrel als «M. le député»; wahrscheinlich ist es dieser Text, den Barrel an Morayta weitergeleitet hat (vgl. unten 4.2) und vielleicht auch der, den Herzog an seine Mitbischöfe verschickt hat. *Anm.d.Red.]*

Auffällig ist, dass sich Aglipay weder in seinem nächsten Brief vom 25. Februar 1905 noch in seinem darauf folgenden Brief vom 25. September desselben Jahres der von Barrel vermittelten Kontakte bewusst zu sein scheint.

In Schreiben an Herzog vom 25. Februar 1905[33] äussert Aglipay sein Bedauern darüber, dass er nicht am Kongress in Olten hat teilnehmen können. Der Grund sei, wie er angibt und auch mit einem mitgeschickten Zeitungsartikel dokumentiert[34], dass Schwierigkeiten auf den Philippinen ihm eine lange Reise verbieten. Konkret handelt es sich vor allem um die harte Linie, die der Vertreters des Apostolischen Stuhles in den Philippinen, Erzbischof Ambrosius Agius OSB, gegenüber der IFI einnahm, was sich vor allem in einem Streit über kirchlichen Besitz auf den Philippinen spürbar machte. Dieser Streit führte schliesslich dazu, dass die IFI 1906 fast sämtliche Kirchen und sonstige Gebäude verlor[35].

In seinem Brief vom 25. September 1905 erwähnt Aglipay dann, dass er noch immer sehr stark durch innerkirchliche Angelegenheiten gebunden sei, aber dass er trotzdem sein Bestes tun werde, um im darauffolgenden Sommer (1906) nach Genf zu kommen, wo man ihn, wie ihm Herr Morayta berichtet habe, erwarte[36]. Herzog muss rasch reagiert haben, denn schon am 4. November 1905 beantwortet er Aglipays spanischsprachigen Brief (auf Lateinisch)[37]. Herzog bezieht sich auf seinen oben zitierten Brief vom 1. März 1905, und schreibt, er nehme an, dass Aglipay dessen Inhalt gut verstanden habe. Aufgrund dieser Annahme wiederholt Herzog dann noch einmal, dass er, bevor Aglipay eine lange (und teuere) Reise in die Schweiz unternehme, gerne Antworten erhalten möchte auf die Fragen, die er in seinem Brief vom 1. März gestellt habe. Er brauche diese Informationen, um die Zustimmung seiner Mitbischöfe (der Utrechter Union) zu erhalten. Obwohl Herzog es nicht namentlich erwähnt, wird es sich um die Zustimmung zur Bischofsweihe Aglipays handeln.

Nach diesem letzten Schreiben von Herzog tritt eine Pause ein, die auch von Herzogs Bischöflichem Bericht an die christkatholische Nationalsyn-

---

33   Aglipay an Herzog, 25. Februar 1905: BABe, AH 34 (Philippinen).

34   BABe, AH 34 (Philippinen): Es handelt sich um einen Artikel vom 22. Februar 1905 aus «The Manila Cablenews» mit dem Titel: Difficulties Face the New Delegate. Determined Struggle Between the Vatican and Religious Orders Over Disposition of Money. Mgr. Agius now negotiating.

35   Vgl. z.B. DE ACHÚTEGUI/BENARD, Revolution I (wie Anm. 6), 313-348.

36   Aglipay an Herzog, 25. September 1905: BABe, AH 34 (Philippinen).

37   Herzog an Aglipay, 4. November 1905: IFI Archives, OM 1.1, 1903-1910, Box 1, Folder 2 [Der Inhalt wird bestätigt durch einen Brief Herzogs vom 10. November 1905 an Pfr. Rais: BABe, AH 85,434].

ode bestätigt wird[38]. Herzog hatte aber im Jahre 1905 noch weitere Nachforschungen über die IFI angestellt – offenbar reichten ihm Aglipays Angaben nicht aus –, und zwar über einen Bekannten des Oltner Pfarrers Emil Meier, Eugen Uebelhardt, der sich auf den Philippinen mit Perlenexport beschäftigte. Herzog möchte auf die folgenden Fragen eine Antwort erhalten:

Fragen über die unabhängige Kirche auf den Philippinen
1. Wie hoch etwa wird die Zahl der Anhänger dieser Kirche geschätzt?
2. Welchen Klassen der Bevölkerung gehören im allgemeinen diese Anhänger an? Gibt es unter ihnen auch gebildete u[nd] ökonomisch unabhängige Leute?
3. Wie viele Bischöfe zählt die Gemeinschaft? Sind die Bischöfe wissenschaftlich gebildete u[nd] moralisch anständige Männer? Gilt insbesondere Aglipay als ein Mann von guten Sitten?
4. Was sagt man im allgemeinen vom moralischen Ruf des Klerus dieser Gemeinschaft?
5. Besitzt die genannte Kirche theologische Unterrichtsanstalten?
6. Ist die genannte Gemeinschaft im Besitz von Kirchen u[nd] Pfarrhäusern, die früher von Geistlichen benutzt wurden, die der römischkath[olischen] Kirche angehörten? Wenn ja, wird dieser Zustand von den amerikanischen Behörden als ein rechtsgültiger anerkannt?
7 Ist die unabhängige Kirche reich genug, um sich an solcher Orten Kirchen zu bauen u[nd] Gemeinden zu organisieren, wo ihr die Katholischen Kirchen u[nd] Pfarrhäuser nicht zugänglich sind?
8 Hat die fragliche Gemeinschaft in den letzten Zeiten an Anhängern zugenommen oder abgenommen?[39]

---

38 Vgl. Protokoll über die 32. Sitzung der National-Synode der Christkatholischen Kirche der Schweiz. Sitzung vom 18. September 1906 gehalten in Rheinfelden, Olten (Buchdruckerei des «Oltner Tagblatt»), 1906, 34; der einschlägige Text ist zitiert unter 4.1. Zum ersten Mal hat sich Herzog gegenüber der Nationalsynode zwei Jahre zuvor geäussert: «Ein Beispiel, in wie grosser Ausdehnung das [scil. die Etablierung autonomer katholischer Kirchen wh/pbs] rasch geschehen kann, bieten uns die Vorgänge auf den fernen Philippinen, wo sich unter dem Namen Iglesia Filipina Indipendiente eine romfreie katholische Kirche gebildet hat, die 3 bis 4 Millionen Anhänger zählt. Ich muss jedoch beifugen, dass die Verhältnisse noch nicht hinreichend abgeklärt und gefestigt zu sein scheinen, um ein Urteil über den Charakter und die Widerstandsfähigkeit der von vielen Gefahren bedrohten junge Kirche zu gestatten. Mit dem Haupte derselben, Gregorio Aglipay, stehe ich in Verbindung». Vgl. 30. Sitzung der National-Synode der Christkatholischen Kirche der Schweiz, Freitag den 2. September 1904, Olten (Buchdruckerei des «Oltner Tagblatt») 1904, 31.
39 (Herzog/)Meier an Uebelhardt, 17. Oktober 1905: BABe, AH 34 (Philippinen) [AH 85,399].

Es ist auffällig, dass Herzog vor allem über die Bildung, die Moralität und die äussere Organisation der Kirche Auskünfte erhalten möchte. Die Frage ihrer Weihen war offenbar schon ausreichend geklärt, und vermutlich geht Herzog von der weiteren Orthodoxie der IFI aus. Die Antwort lässt längere Zeit auf sich warten, denn Uebelhardt antwortet erst am 8. August 1907[40]. Der relevante Teil seines Schreibens lautet folgendermassen:

> Werther Herr Pfarrer,
> Was Sie wohl von mir denken werden? Die Suche ist wie folgend zugegangen und ich hoffe, dass Sie und der Herr Bischof mich entschuldigen und begreifen werden: Habe nach meiner Ankunft in Manila sogleich einige römisch kath[olische] Philippiner beauftragt mir die Fragen zu beantworten; aber im Allgemeinen wurde ich nur hinausgehalten, man wollte oder konnte mir keine Auskunft geben, oder ganz unwahrscheinliche und so ist über ein Jahr vorbeigegangen. Es schien mir kein anderer Weg mehr übrig als direkt zu Aglipay zu gehen und ihn als Freund der Sache zu befragen. Er hat mir sodann die Zeitungen und Broschüren für Sie eingehändigt. Er scheint sehr gesunde Ansichten zu haben. Was mich verwundert und ich kaum für möglich halte ist, dass die Anzahl der Anhänger auf über 4 Millionen angegeben werden [sic], also ungefähr die Hälfte der Bevölkerung der Philippinen. Wenn ich Zeit gehabt, würde ich Ihnen die Sachen gerne übersetzt haben, aber ich denke als Lateiner werden Sie das Spanische gut bemeistern können.
> Padre Aglipay oder besser Obispo Maximo Aglipay gedenkt nächstes Frühjahr nach Europa zu gehen, er klagt über Geldmangel, wie es scheint sind die Anhänger nicht sehr opferfreudig, es sind gegenwärtig auch sehr schlechte Zeiten auf den Philippinen ...

Auch nach diesen Nachrichten, die eigentlich einen relativ neutralen Eindruck hinterlassen, bleibt Herzog aufmerksam; auf der Session der Nationalsynode von 1910 berichtet er zum Beispiel folgendermassen über die Kontakte mit der IFI:

> Die Verhandlungen mit der unabhängingen Kirche der Filipinos sind seit längerer Zeit völlig ins Stocken geraten. Aber noch unterm 10. März 1910 schrieb Isabelo de los Reyes aus Manila der Genfer «Revue Moderniste Internationale» (No. 5, S. 187ff.), dass die Kirche trotz aller Anfechtungen über 20 Bischöfe und 500 junge enthusiastische Priester zähle. Der genannte Korrespondent ist Laie, scheint aber namentlich auch auf die theologische Richtung der Kirche grossen Einfluss auszuüben. Während noch vor zwei Jahren in einem offiziellen Dokument erklärt wurde, man halte namentlich am Dogma der «unbefleckten Empfängnis» fest, macht die erwähnte Zuschrift den Eindruck, als ob der Verfasser eine völlig neue Dogmatik zurechtgelegt habe. Hoffentlich besitzt er wenigstens nicht die Kompetenz,

---

40 Uebelhardt an Meier, 8. August 1907: BABe, AH 34 (Philippinen).

ex cathedra zu sprechen. Isabelo de los Reyes war die Seele der revolutionären Bewegung wider die Mönchsherrschaft, unter der die Filipinos Jahrhunderte lang gelitten haben; nun sind unter dem Protektorat der Vereinigten Staaten die Jesuiten in Manila eingezogen; es ist sehr zu fürchten, das ihnen Reyes mit seiner neuen Religion unabsichtlich in die Hände arbeitet.[41]

Mit diesen Äusserungen Herzogs lässt sich feststellen, dass spätestens im Jahr 1910 die Kontakte eingeschlafen waren und dass Herzog sich über die theologische Linie der IFI Sorgen macht. Da also an diesem Punkt eine erste Phase der frühen Kontakte zwischen der IFI und den Altkatholiken abschlossen ist, ist es an dieser Stelle auch angebracht, einige weitere Akteure und ihre Korrespondenzen zu betrachten: diejenige von Bischof Charles Brent, die des schon erwähnten Spaniers Morayta und die des niederländischen altkatholischen Episkopats, der sich über die Frage möglicher Weihen für die philippinische Kirche austauschte.

4. Hinter den Kulissen

4.1 Die Rolle von Bischof Charles Brent

Wie oben schon angedeutet wurde, verwendete Herzog verschiedene Quellen und Korrespondenten für seine Nachforschungen über die IFI. Ein solcher Korrespondent, dessen Stimme für Herzog eine gewisse Bedeutung gehabt haben muss, war Charles H. Brent (1862-1929)[42], seit 1901 Bischof des Missionsdistriktes der Philippinen der amerikanischen Episkopalkirche (das war der damalige Status dieses Gebietes). Hier sollen allerdings nicht die Kontakte zwischen Brent und Aglipay im Zentrum stehen[43], sondern die Korrespondenz zwischen Brent und Herzog. Zudem kann es hier nicht darum gehen, die ganze Korrespondenz wiederzugeben, sondern vor allem darum,

---

41 36. Sitzung der Nationalsynode der Christkatholischen Kirche der Schweiz. Montag den 20. Juni 1910 in Luzern, Olten (Buchdruckerei des «Oltner Tagblatt»), 1910, 39f. Es ist unklar, auf welche Stellungnahmen der IFI und auf welches Werk von De los Reyes Sr. Herzog sich bezieht.

42 Vgl. zu den wichtigsten Stationen von Brents Leben z.B. FRIEDRICH-WILHELM BAUTZ, Art. «Brent, Charles Henry», in: BBKL I (1990), 741-743.

43 Vgl. DE ACHÚTEGUI/BENARD, Revolution I (wie Anm. 6), 388-391.

die Hauptlinien und wichtigsten Fragen, die im Briefwechsel in Sicht treten, aufzuzeichnen.

Dieser war schon im Gange, als Herzog Brent am 24. Juni 1904 mitteilt, dass er bereit wäre, auf dem kommenden Internationalen Altkatholikenkongress eine spezielle Sitzung über die IFI abzuhalten, und er bittet um nähere Angaben[44]. Eine Woche später fragt Herzog nach, ob es stimme, was er in der römisch-katholischen Presse lese, dass die IFI fast schon wieder eingegangen sei. Es fände dies sehr traurig und betrachte es als eine Pflicht (und zwar für Brent), der IFI zu helfen. Im gleichen Brief drückt er auch seine Enttäuschung darüber aus, dass Aglipay offenbar keine Bischofsweihe in apostolischer Sukzession empfangen hat[45]. Brent reagiert in drei Schreiben auf Herzogs Briefe[46]. Am 14. Juli 1904 leitet Brent Informationen (einen Zeitungsartikel, der allerdings nicht erhalten ist) an Herzog weiter, woraus Herzog erfahren könne, wie Aglipay in den Philippinen beurteilt werde. Knapp zwei Wochen später, am 27. Juli 1904, schreibt Brent, der in Neapel weilt, dass er bereit sei, zum Altkatholikenkongress zu kommen, und dass er ein besonderes Interesse an einer Diskussion über die IFI habe. Schliesslich berichtet Brent am 12. August 1904 nochmals über Aglipay und meldet Herzog, dass Aglipay ein «man of no morals» und ein «master of evil» sei.

Am 16. August 1904 reagiert Herzog auf Brents Einwände, die sich auf das moralische Niveau der IFI und vor allem auf die Person Aglipays beziehen, mit der gleichen Argumentation, mit der er später dem niederländischen altkatholischen Episkopat begegnen wird: Man soll dieser Kirche doch eine Chance geben, sich (zum Guten) zu entwickeln[47].

Während des Internationalen Altkatholikenkongresses, der vom 1. bis zum 4. September 1904 in Olten stattfand, hatten Herzog und Brent die Möglichkeit, sich persönlich miteinander zu unterhalten. Davon existieren keine Protokolle, aber Brent (er befindet sich schon wieder in Manila) bezieht sich in einem ausführlichen Brief vom 28. Juli 1905 auf seine Gespräche mit Herzog und auf die Unterlagen, die er ihm zur Verfügung gestellt hatte[48]. Alles was Brent mitzuteilen hat, wirft ein schlechtes Licht auf die Philippinen und vor allem auch auf Aglipay und die von ihm geleitete Kirche. So schreibt Brent:

---

44   A.a.O., 395.

45   Es ist unklar woher Herzog diese Informationen hat, denn Brent hat ihm in der Zwischenzeit offenbar nicht geschrieben.

46   Alle drei Briefe finden sich in BABe, AH 34 (Philippinen).

47   Vgl. DE ACHÚTEGUI/BENARD, Revolution I (wie Anm. 6), 396.

48   BABe, AH 34 (Philippinen).

«I am not exaggerating when I say that it is difficult to find a decent Filipino priest whether within or without the Roman Church in the Philippines. Aglipay and men of his like are probably no worse than the average, but they are certainly not better» (S. 1). Im Allgemeinen und im Einklang mit seiner missionarischen Strategie, nur unter Englischsprachigen und Nichtchristen zu missionieren, bevorzugt Brent die Zusammenarbeit mit den Römisch-Katholiken, insbesondere mit dem Gesandten des Heiligen Stuhles, Msgr. Agius (S. 2). Bezüglich Aglipay und seiner Kirche (wobei er sich auf Aussagen von Aglipay selber bezieht) hält er Folgendes fest: «The movement is as political as it is religious, at least in the minds of the multitudes, and its chief incentive is anti-friar passion» (S. 3). Grundsätzlich sieht Brent den Grund des bedenkliches Zustandes der Kirche in den Philippinen in der Art der Einwohner, die, wie alle Südländer, zu heissblütig sind, um den Zölibat ertragen zu können. Daher würden alle moralische Missstände stammen. Deswegen schlägt Brent vor (S. 2-3), dass Anglikaner und Altkatholiken zusammen Rom ersuchen sollten, den Pflichtzölibat für die Philippinen und Südamerika aufzuheben. Damit, und nicht mit einer Unterstützung von Aglipay, sei der kirchlichen Sache auf den Philippinen geholfen.

Auf dieses Schreiben von Brent antwortet Herzog in einem Brief vom 11. November 1905[49]. Er hält in der Zölibatsfage eine Demarche in Rom für völlig aussichtslos, und er moniert heftig, dass die IFI ihrem Schicksal überlassen werde. Mit einem Hinweis auf Gen 18,28 (wegen fünf Gerechter soll die Stadt gerettet werden) plädiert er für mehr Unterstützung für die IFI. Dieser Brief fand einen Widerhall in einem Schreiben, das Brent am 5. März 1906 an einen anderen Anglikaner, Dr. Greer (New York) gerichtet hat. Brent bemerkt darin zu Herzogs Plädoyer, dass er bis jetzt fünf solchen Individuen in der IFI nicht begegnet sei[50]. In diesem Sinne schreibt Brent auch an Herzog am 3. April 1906 und wiederholt seine schon bekannte Position: Aglipay ist ein moralisch korrupter politischer Agitator und von keinem kirchlichen Interesse[51].

---

49 BABe AH 85,440.
50 Vgl. De Achútegui/Benard, Revolution I (wie Anm. 6), 374-375.
51 BABe, AH 34 (Philippinen). [In einem Brief an Pfr. Rais vom 2. Mai 1906 erwähnt Herzog einen soeben erhaltenen Brief Brents, in dem dieser den Schweizer Bischof erneut nach Manila eingeladen habe, um sich selbst von der Unmöglichkeit kirchlicher Beziehungen mit der IFI zu überzeugen; BABe, AH 86, 190]

Die Äusserung Brents steht in einer gewissen Spannung zu dem, was Herzog auf der Session der Nationalsynode von 1906 über die IFI und Brent ausführt:

Von dem Haupte der «unabhängigen Katholiken» auf den Philippinen, Gregorio Aglipay, habe ich wohl noch gelegentlich einen Gruss erhalten. Die Antworten auf die ihm mitgeteilten Fragen über den genauen Stand der Dinge sind aber leider bisher ausgeblieben. Daher ist auch die Angelegenheit der Verleihung der bischöflichen Konsekration an Aglipay und seine Kollegen bisher nicht weiter gediehen. Doch habe ich von dem amerikanischen Bischof Dr. Brent in Manila noch unterm 22. Juli 1906 ein überaus freundliches Schreiben erhalten, in welchem der Verfasser seine frühere Meinung, es sei der fraglichen Bewegung kein kirchlicher Beistand zu leisten, aufgibt und gelegentlich Auskunft und Ratschläge in Aussicht stellt.[52]

Der einzige Brief Brents, der um den 22. Juli 1906 herum datiert ist (gibt es einen Druckfehler im Synodeprotokoll?), ist inhaltlich viel weniger positiv, als was Herzog der Synode mitteilt. In einem Brief an Herzog vom 23. Juli 1906 umschreibt Brent seine Position wie folgt: «If I could see grounds for giving positive aid to Aglipay such as commended themselves to my conscience, nothing could deter me from openly espousing his cause.»[53] Dies beinhaltet weniger eine Revision von Brents bisheriger Position als dessen Bestätigung. Wenn es keinen anderen nicht erhaltenen Brief gegeben hat, erscheint die Interpretation von Herzog als sehr irenisch.

Brent hält allerdings sein Versprechen hinsichtlich weiterer Auskünfte über die IFI ein, denn im Jahr 1907 schickt er Herzog Unterlagen über die kirchlichen Besitzverhältnisse auf den Philippinen, die nach einer gerichtlichen Entscheidung von 1906 nunmehr der römisch-katholischen Kirche gehören und nicht der IFI; dies bedeute fast das Ende der IFI. Herzog berichtet darüber auf der Session der Nationalsynode von 1907[54].

---

52 Protokoll über die 32. Sitzung der National-Synode (wie Anm. 38), 34. [Vgl. noch Herzog an Brent, 11. Mai 1906: BABe AH 86,197 (Antwort auf einen Brief Brents vom 3. April 1906)]

53 BABe, AH 34 (Philippinen). Brent ist auch bereit, sich nach Herzogs Kontaktperson in Manila, Übelhardt, zu erkundigen.

54 Vgl. Protokoll der 33. Sitzung der National-Synode der Christkatholischen Kirche der Schweiz. Montag 17. Juni 1907 in Olten, Olten (Buchdruckerei des «Oltner Tagblatt»), 1907, 34f: «Durch den amerikanischen Bischof Brent von Manila erhielt ich Nr. 8 der dort erscheinenden ‹Official Gazette› vom 20. Februar 1907. In diesem Blatt ist ein Urteil abgedruckt, das der oberste amerikanische Gerichtshof der Philippinen gefällt hat und nach welchem das von der päpstlichen Hierarchie in Anspruch genommene Recht der freien Verfügung über die katholischen Kirchen

Als Fazit der Korrespondenz zwischen Brent und Herzog über die IFI kann festgehalten werden, dass Brent offenkundig Herzog zwar gelegentlich Auskünfte über die IFI gegeben hat, selber aber eine sehr vorsichte (wenn nicht gar negative) Haltung der IFI gegenüber eingenommen und Herzog alles andere als dazu ermutigt hat, Aglipay zum Bischof zu weihen. Seine Haltung beeinflusste Herzog nicht allzu sehr, denn wenn Brent meint, dass es moralische Probleme gibt, antwortete Herzog, dass diesen abgeholfen werden könne; wichtiger sei die Unterstützung einer unabhängigen katholischen Kirche. Genau so wird Herzog auch dem niederländischen Episkopat antworten, der sich auf Brent bezieht[55]. Brents zögerliche bzw. geradezu ablehnende Haltung dürfte sich allerdings auch aus seiner hohen Wertschätzung der römisch-katholischen Kirche ergeben haben. Anders als manche andere protestantische Missionare weigerte er sich, unter philippinischen Römisch-katholiken zu missionieren und betrachtete die römisch-katholische Kirche weitgehend als die katholische Kirche vor Ort.

---

und Kirchengüter anerkannt wird. In dem betreffenden Fall handelte es sich um eine Kirche und ein Kloster, das nun als Pfarrhaus dient. Beide Gebäude waren 1869 abgebrannt, dann aber in den Jahren 1870-1873 wieder aufgebaut worden. Selbstverständlich hatte das katholische Volk die Mittel zum Wiederaufbau zu verschaffen, nicht die Mönche und nicht die päpstliche Hierarchie. Ja nicht nur das, sondern es hatte nach spanischem Gesetz jeder arbeitsfähige Mann des Ortes jährlich 40 Tage lang völlig unentgeltlich Frohndienste zum Wiederaufbau zu leisten. Gleichwohl gehören nun die Gebäude nicht dem katholischen Volke, für das sie gebaut sind, sondern der päpstlichen Hierarchie, in letzter Linie also dem römischen Papst. Demgemäss wurde der Pfarrer, der die Kirche benutzte, sich aber 1902 mit seiner Gemeinde der unabhängigen Nationalkirche angeschlossen hatte, ausgewiesen. Dieses Urteil des amerikanischen Gerichtshofes wird nun ohne Zweifel in allen analogen Fällen zur Anwendung kommen. Damit ist die von Gregorio Aglipay geleitete, 3-4 Millionen Anhänger zählende katholische Nationalkirche der Mitbenützung der katholischen Kirchengüter beraubt. Und die Vereinigten Staaten Nordamerikas sind doch gewiss ein ganz modernes Staatswesen, in welchem von jeher Kirche und Staat vollkommen getrennt waren!» Der Zeitungsartikel, den Brent Herzog zur Information zuschickte, ist: Decisions of the Supreme Court (no. 2832. November 24, 1906), Official Gazette (Published by authority of the Philippine Commission), February 20, 1907, No. 8, 130-135. [Vgl. auch Herzog an Meier, 5 Oktober 1907: BABe AH 87,482. Herzog hatte früher in einem Brief an Aglipay vom 25. April 1905 (BABe, AH 85,239) erläutert, wie analoge Konflikte um Kirchenbesitz, die zwischen Christ- und Romkatholiken aufbrachen, in der schweizerischen Rechtssprechung geregelt worden sind]

55 Vgl. unten 4.3.

4.2 Die Diplomatie des Miguel Morayta

4.2.1 Zur Person von Morayta

Bevor die Korrespondenz zwischen Miguel Morayta, Aglipay Herzog und einigen anderen hier präsentiert und besprochen werden kann, soll Morayta zuerst kurz vorgestellt werden[56],; er ist ja keine bekannte Figur aus der Geschichte des Altkatholizismus. Miguel Morayta y Sagrario (1834-1917) war ein spanischer Akademiker und Politiker. Er hatte ab 1868 eine Professur für Spanische Geschichte und später für Allgemeine Geschichte an der Universität von Madrid inne, wo er eine rege Publikationstätigkeit entwickelte. Eine nicht weniger rege Tätigkeit kennzeichnete ihn als Abgeordneten im spanischen Parlament (*Cortes*). 1884 wurde er von der römisch-katholischen Kirche exkommuniziert. Der Anlass war eine Rede, die er bei der Eröffnung des Akademischen Jahres 1884/85 hielt, in der er die akademische Freiheit verteidigte. Diese Exkommunikation führte zu Studentenaufständen in Madrid, Sevilla, Barcelona, Granada, Vallodolidad, Oviedo, Zaragosa und Valencia, an denen auch der wichtige philippinische Schriftsteller José Rizal teilnahm[57]. Morayta vertrat im Allgemeinen eine liberale und damit antiklerikale Linie[58], was unter anderem bedeutete, dass er sich für die Trennung von Kirche und Staat sowie für Religionsfreiheit einsetzte[59]. Morayta spielte – was für seine Beziehung zur IFI nicht unwichtig ist – auch eine zentrale Rolle in der spanischen Freimaurerei, nicht zuletzt als Haupt der Logenfö-

---

56 Vgl. die Kurzbiographie und Bibliographie unter: http://www.filosofia.org/ave/001/a284.htm (Zugriff: 12. März 2008); eine Biographie von Morayta scheint nicht zu existieren.

57 Rizal lässt diesen Aufstand in seinem Roman *El Filibusterismo* (1891) eine Rolle spielen, verlegt ihn aber nach Manila. Vgl. JOHN N. SCHUMACHER, The Making of a Nation: Essays in Nineteenth-Century Filipino Nationalism, Manila (Ateneo de Manila University Press), 1991, 442, Anm. 2.

58 Vgl. JOHN N. SCHUMACHER, The Propaganda Movement 1880-1895: The Creation of a Filipino Consciousness, the Making of the Revolution, Manila (Ateneo de Manila University Press) 2002, 55.

59 Zu Moraytas Versuche, die Religionsfreiheit in der spanische Verfassung zu verankern, und zu seinem Einfluss bei der Gründung der Spanischen Reformierten Episkopalen Kirche, vgl. FRANCISCO SERRANO ALVAREZ, Contra vientos y mareas. Los sueños por la Iglesia Reformada hechos realidad, Editorial Clie (Barcelona) 2001, 327-328.

deration «Gran Oriente Español». Weiterhin unterstützte er die Gründung der Freimaurerloge «Solidaridad» in Madrid, die vor allem aus Studenten aus den nicht-iberischen Teilen des spanischen Reiches bestand[60] und sich zunehmend zu einer philippinischen Loge entwickelte[61]. Morayta, der bis zu seinem Tod 30 Jahre später eine führende Rolle in der spanischen Freimaurerei spielte, nahm wohl auch eine ähnliche Rolle in der philippinischen Freimaurerei ein, die selber wieder eng mit dem philippinischem Nationalismus verbunden war[62]. Dies geht u.a. aus den ersten beiden Zielsetzungen der von Morayta unterstützten Loge «Solidaridad» hervor: Erziehung von Mitgliedern gemäss freimaurerischen Idealen und Werbung für philippinische nationale Bestrebungen, wie z.B. eine philippinische Vertretung in der spanischen *Cortes*[63]. 1889 war Morayta auch bei der Gründung einer ähnlichen Loge, «Revolución» in Barcelona, involviert. Es ist interessant, dass der prominente philippinische Nationalist Marcelo H. del Pilar auch Mitglied dieser Loge war[64].

Morayta war also ein bedeutsamer politischer und religiöser Führer, der sich sehr für die Philippinen interessierte, und zwar aus politisch und kirchlich liberaler Sicht.

4.2.2 *Moraytas Bemühungen um die Beziehung Aglipay – Herzog*

Im Hintergrund der Kontakte zwischen der IFI und der IBK, insbesondere mit Bischof Herzog, standen überraschenderweise die Bemühungen des eben vorgestellten spanischen Akademikers und Freimaurers. Dieser versuchte, unter anderem aus einer antirömischen Einstellung, die IFI zu stärken, indem er dieser Kirche (in den Augen Roms) gültige Weihen besorgte. Wie die Kontakte zwischen der IFI bzw. Aglipay und Morayta genau angefangen haben, konnte für diesen Beitrag nicht genau rekonstruiert werden. Es steht aber fest, dass Morayta einen anderen Gründer der IFI, Isabelo de los Reyes Sr., persönlich kannte, der (aus politischen Gründen bzw. in Haft) eine längere Zeit in Spanien verbrachte (1897-1901) und nach seiner Rückkehr in Manila am 3. August

---

60 Vgl. Schumacher, Making (wie Anm. 57), 159.
61 Ebd.
62 Ebd.
63 A.a.O.,171. Die *Cortes* war das spanische Parlament innerhalb der konstitutionellen Monarchie von 1874-1930. Für die Philippiner war schwer zu ertragen, dass Cuba und Puerto Rico eine Vertretung in diesem Gremium hatten, sie aber nicht.
64 A.a.O., 161.

1902 auf einer Sitzung der Gewerkschaft *Union Obrera Democratica* die *Iglesia Filipina Independiente* gründete[65]. In der Zeit der Korrespondenz zwischen Morayta und Aglipay handelt es sich übrigens noch nicht um eine Beziehung von Freimaurer zu Freimaurer, da Aglipay noch kein Mitglied einer Loge war[66].

Der erste uns bekannte und relevante Teil der Korrespondenz ist ein Brief vom 9. April 1904, also aus der Zeit, als Aglipay und Herzog schon in schriftlichem Kontakt miteinander standen[67]. Der Brief scheint vorauszusetzen, dass es zuvor schon Kontakte gegeben hat, aber Zeugnisse davon sind uns leider unbekannt. Morayta schreibt auf dem Briefpapier eines *Disputado á Cortes por Madrid*, redet Aglipay als «respetable Prelado y amigo» an, und er versichert zunächst Aglipay, dass er die Lehre der IFI ganz rein finde. In einem nächsten Schritt versucht er, Aglipay davon zu überzeugen, dass es für die Zukunft seiner Kirche notwendig sei, eine (in den Augen Roms) gültige Bischofsweihe zu erhalten. Dies sei namentlich notwendig, weil so Rom ein Argument gegen die IFI genommen werden könne – für den innerkirchlichen Respekt brauche er (Aglipay) eine solche zusätzliche Weihe natürlich nicht. Um Aglipay eine solche Weihe zu verschaffen, würden die griechisch-orthodoxe Kirche und die Christkatholische Kirche der Schweiz – deren Bischof, Herzog, Morayta in Genf lokalisiert[68] – in Frage kommen. Morayta ist sich aber noch nicht sicher, ob Herzog ein «echter» Bischof ist und verspricht Nachforschungen. Etwa ein Monat später, am 10. Mai 1904 schreibt Morayta offenbar aus eigener Initiative, an den schon erwähnten Emile Barrel einen Brief, worin er ihn über die IFI informiert. Er setzt die Notwendigkeit gültiger Weihen für die IFI auseinander, bittet um Auskünfte über einen unabhängigen katholischen Bischof in Genf und die Gültigkeit seiner Weihe. Dieser Bischof wird nicht namentlich

---

65 Zu Isabelo de los Reyes Sr. (1864-1938), einem philippinischen Politiker und Journalist, vgl. noch immer die (etwas hagiographische) Biographie von einem seiner Söhne: José de los Reyes y Sevilla, Biography of Senator Isabelo de los Reyes, Father of Philippine Labor, Proclaimer of the Philippine Independent Church, Manila (Nueva Era) 1947, sowie die (äusserst) kritische Würdigung in De Achútegui/Bernad, Revolution I (wie Anm. 6), 165-180. 501-510. Für die Korrespondenz zwischen De los Reyes Sr. und Morayta, vgl. weiter unten.

66 Aglipay wurde am 3. Mai 1918 Mitglied; vgl. De Achútegui/Benard, Revolution I (wie Anm. 6), 428.

67 Morayta an Aglipay, 9. April 1904: IFI Archives, OM 1.1, Box 1, Folder 2.

68 Dass Herzog in Genf leben sollte, ist offenkundig falsch. Es gab aber tatsächlich einen anderen sog. altkatholischen Bischof, der sich zu jener Zeit in Genf aufhielt oder dort zumindest brieflich erreichbar war («poste restante»), nämlich Paolo Miraglia, der auch mit Aglipay in Verbindung stand. Vgl. unten 5.

identifiziert, aber Morayta bittet Barrel auch darum, herauszufinden, ob dieser Bischof allenfalls bereit wäre, einen philippinischen Bischof zu weihen[69]. Die Antwort von Barrel ist uns unbekannt, aber sie muss positiv gewesen sein, denn am 16. Dezember desselben Jahres wendet sich Morayta wieder an Aglipay und teilt ihm mit, dass Herzog eine sehr gute Möglichkeit wäre, um der IFI gültige Bischofsweihen zu verschaffen[70]. Herzog sei gültig geweiht worden und über eine (unbekannte) Zwischenperson habe Barrel bei Herzog nachfragen lassen, inwiefern er zu einer Bischofsweihe von Aglipay bereit wäre, worauf es offenbar eine positive Antwort gegeben habe. Barrel rät Morayta, mit dem Unternehmen nicht zu lange zu warten und das, was er Herzogs Angebot nennt, sofort anzunehmen.

Morayta muss inzwischen von den Bedingungen Herzogs gehört haben, denn schon am 18. Februar 1905 kann er Aglipay einen Brief schreiben, worin er die Bedingungen nennt und Aglipay dazu auffordert, sie zu erfüllen[71]. Wenn die Transkription dieses Briefes, der vor dem Treffen in Bern vom 24. Februar 1905 verschickt wurde, richtig datiert ist, dann standen die Bedingungen auf altkatholischer Seite schon vorher fest und wurden nicht erst in Bern ausgehandelt. Keinen Monat später aber, am 6. März desselben Jahres, fordert Morayta Aglipay noch einmal auf, die Weisungen von Herzog

69   Morayta an (Don Emilio) Barrel, 10. Mai 1904: BABe, AH 34 (Philippinen).
70   Morayta an Aglipay, 16. Dezember 1904: IFI Archives, OM 1.1, 1903-1910, Box 1, Folder 2. Die Korrespondenz wurde zum Teil veröffentlicht von DE ACHÚTEGUI/ BENARD, Revolution I (wie Anm. 6), 394-395, allerdings datieren sie den Brief auf den 24. November. Vor diesem Brief gab es noch einen weiteren Briefwechsel, wovon der Brief von Morayta an Aglipay erhalten geblieben ist – Morayta an Aglipay, 20. August 1904: IFI Archives, OM 1.1, 1903-1910, Box 1 Folder 2. Morayta hatte in diesem Moment aber noch keine weiteren Informationen und äusserte sich nur sehr vorsichtig zum Thema. [In einem Brief an Pfr. Rais vom 11. Dezember 1904 (BABe 85,66) verweist Herzog auf seinen Hirtenbrief, den er am 18. September 1876, dem Tag seiner Konsekration, veröffentlicht habe und der klar die Katholizität seiner Weihe und seines Amtes begründe; leider habe er kein Exemplar mehr, um es Rais zu schicken, damit er es an jene Leute aus dem Umkreis von Aglipay weiterleite, die ihn um diesbezügliche Informationen ersucht hätten («les amis de M. Aglipay à Manila»). Rais und auch Prof. Michaud waren also von philippinischer Seite angegangen worden, wobei Barrel im Auftrag von Morayta agiert haben muss]
71   Morayta an Aglipay, 18. Februar 1905: IFI Archives, OM 1.1, 1903-1910, Box 1, Folder 2.

zu befolgen[72]. Zudem hat er jetzt selbst – aller Wahrscheinlichkeit nach von Emile Barrel – die Unterlagen der Sitzung in Bern erhalten und leitet sie vollständig an Aglipay weiter, wobei er das Protokoll für Aglipay ins Spanische übersetzt hat. Allerdings übersetzt Morayta die von Aglipay zu unterschreibenden Unterlagen nicht, da er davon ausgeht, dass das Wichtigste über ihren Inhalt schon im Protokoll steht. Aglipay kam also in den Besitz von zwei Ausgaben der Dokumente der schon erwähnten Sitzung. Morayta schlägt Aglipay zudem einen genauen Zeitplan vor: Die von Aglipay unterschriebenen Dokumente könnten im April schon in Europa eintreffen, im Mai könnte er (Morayta) alles Notwendige in Europa vorbereiten und dies per Telegramm bei Aglipay bestätigen, im Juli könnte Aglipay dann in Europa (Barcelona) eintreffen, um dann im August von dort nach Genf und Bern zu fahren.

Zwischen März und November 1905 erfährt Morayta über Pfarrer Albert Rais (La Chaux-de-Fonds) von einem Brief Aglipays an Herzog (vgl. oben 3). In seinem Brief an Rais schreibt Herzog, laut der Wiedergabe von Morayta, der den Brief in spanischer Übersetzung an Aglipay weiterleitet[73] dass Aglipay ihm (Herzog) geschrieben habe, dass er gerne in die Schweiz kommen würde, aber dass dies wegen finanzieller Engpässe nicht möglich sei. Herzog habe ihm darauf geantwortet, dass er hoffe, die Antworten auf die Aglipay gestellten Fragen möglichst bald zu erhalten[74]. Zudem betont Herzog, dass Aglipay nicht vergessen solle, dass er nicht ohne Beratung mit den Bischöfen der Niederlande und Deutschlands handeln könne; dabei seien gerade Aglipays Antworten eine notwendige Grundlage für eine solche Beratung. Damit hat Morayta den Hauptteil von Herzogs Brief weitergeleitet. In einem nächsten Schritt übersetzt Morayta einen weiteren Brief, diesmal einen von Prof. Eugène Michaud (Bern) und Pfr. Rais (La Chaux-de-Fonds), in dem Michaud Rais dazu auffordert, doch über seine Kontakte in Madrid (i.e. Morayta) auf Aglipay Druck auszuüben, damit dieser die ihm gestellten Fragen schriftlich beantworte, bevor er selber nach Europa reise.

Nachdem er also zwei Briefe aus der schweizerischen Korrespondenz erhalten hatte – die beide darauf dringen, dass Aglipay auf die ihm gestellten Fragen antworte –, fragt Morayta eindringlich nach, ob Aglipay wirklich

---

72 Morayta an Aglipay, 6. März 1905: IFI Archives, OM 1.1, 1903-1910, Box 1, Folder 2.

73 Morayta an Aglipay, 19. November 1905; vgl. DE ACHÚTEGUI/BENARD, Revolution I (wie Anm. 6), 399-401. [Herzog an Rais, 10. November 1905: BABe 85,434]

74 Dies ist damit vermutlich Moraytas Wiedergabe von Herzogs Brief vom 4. November 1905, vgl. oben 3 (S. 135).

keines der beiden Exemplare der genannten Dokumente erhalten habe. Er hält dies für unwahrscheinlich, habe er doch seine eigene Sendung eingeschrieben versandt. Falls Aglipay nichts erhalten habe, solle er ihm (Morayta) einfach ein Telegramm schicken mit nur drei Wörtern: «Madrid Morayta Escribame [schreib mir]», worauf er ihm die Dokumente erneut zuschicken würde. Morayta drängt dann nochmals auf die Notwendigkeit der Rücksendung dieser Dokumente und meint, dass Aglipay und zwei weitere Bischöfe mit gewissem «pomp and circumstance» nach Europa kommen sollten, was wohl nicht so teuer kommen würde, wie Aglipay befürchte. Zudem würde Morayta selber als Führer für die Gruppe in Europa auftreten und dafür sorgen, dass sie eine einigermassen bezahlbare Unterkunft finden. Am Schluss seines Briefes erwähnt Morayta noch einen weiteren Brief von Aglipay, worin dieser offenbar um Hilfe bei der Kontaktaufnahme mit US amerikanischen Freimaurern bittet, aber sein (Moraytas) Hauptanliegen ist klar: Eine gültige Bischofsweihe ist für Aglipay eine unverzichtbare Waffe in seinem Kampf mit der römisch-katholischen Kirche.

Nach diesem Brief scheint es aber zu einer gewissen Wandlung in den Kontakten gekommen zu sein. Zwischen dem gerade erwähnten Brief vom November 1905 und Weihnachten des gleichen Jahres, muss Morayta einen Brief von Isabelo de los Reyes Sr. erhalten haben, worin dieser ihm mitteilt, dass Aglipay beabsichtige, in die römisch-katholische Kirche zurückzukehren, und ihn um Hilfe bei diesem Projekt bittet[75]. Es überrascht nicht, dass Morayta mit seiner antirömischen Haltung sehr negativ antwortet und für eine solche Initiative keinerlei Hilfestellung bieten will[76]. Wie die Korrespondenz später genau verlaufen ist, ist nicht ganz klar. Es gibt einen Brief vom 22. Januar 1906 von Morayta an De los Reyes[77]. Darin dankt Morayta für die Zusendung der *Lecturas de Cuaresma* (eine Sammlung von Fastenandachten der IFI), und er äussert sein Unverständnis über dessen Inhalt, der alles andere als einen Willen zur Versöhnung mit Rom ausdrücke. Er fragt De los Reyes, in welche Richtung die IFI sich nun eigentlich bewege, und erwähnt, dass er Aglipay im gleichen Sinne geschrieben hat: Falls es keine Versöh-

---

75 Vgl. die Zusammenfassung in: DE ACHÚTEGUI/BENARD, Revolution I (wie Anm. 6), 415.

76 Morayta an De los Reyes Sr., 26. Dezember 196. Vgl. die Übersetzung in: DE ACHÚTEGUI/BENARD, Revolution I (wie Anm. 6), 415-416.

77 Morayta an De los Reyes Sr., 22. Januar 1906: IFI Archives, OM 1.1, 1903-1910, Box 1, Folder 2.

nungsversuche gibt, kann man sich weiterhin auf seine (Moraytas) Unterstützung verlassen, andernfalls aber nicht.

Nach diesem Brief ist uns kein weiterer Schriftwechsel bekannt geworden. Da aber Morayta den letztgenannten Brief genau in der Zeit verfasste, in der auch Aglipays Verhandlungen mit Herzog faktisch aufgehört hatten, ist durchaus anzunehmen, dass es keinen weiteren Austausch gegeben hat, auf alle Fälle nicht über die Frage einer von Herzog gespendete Bischofsweihe für die IFI. Auf dem Hintergrund dieses Zwischenergebnisses können wir uns jetzt der Diskussion innerhalb der Utrechter Union zuwenden, insbesondere der Überlegungen innerhalb des niederländischen Episkopats und der Diskussion des niederländischen Episkopats mit Herzog.

4.3 Die Überlegungen des niederländischen altkatholischen Episkopates[78]

Die Überlegungen des niederländischen altkatholischen Episkopats bezüglich der IFI setzen ein, nachdem Herzog am 1. März 1905 Erzbischof Gerardus Gul[79] von Utrecht über die oben schon erwähnten Sitzung vom 24. Februar informiert hat, wo über die Möglichkeit diskutiert worden war, Bischöfe für die IFI zu weihen[80] Mit diesem Brief stellt Herzog Gul (wie auch dem deutschen altkatholischen Bischof Theodor Weber) die gleichen Dokumente zu, die er auch Aglipay geschickt hat:

Im Anschluss übermittle ich Ihnen die nachfolgenden Dokumente.
1. Protokoll der erwähnten Sitzung.
2. Déclaration d.h. eine durchaus sinngetreue französische Übersetzung des am 24. Sept. 1889 zu Utrecht vereinbarten Glaubensbekenntnisses.
3. Note d.h. aufklärende Notizen über den dogmatischen Standpunkt, auf dem sich unsere Kirchen befinden.
4. Convention d.h. eine französische Übersetzung der am gleichen Tag (24 Sept. 1889) von den altkath. Bischöfen getroffenen Übereinkunft.
Diese Dokumente übermittle ich heute dem Erzbischof Aglipay von Manila und gewärtige sodann dessen Antwort, die erst nach etwa einen Vierteljahr eintreffen

---

78 Die hier verwendeten Briefe befinden sich alle im Rijksarchief Utrecht, Inventarnummer 602 (= RAU 602).
79 Gerardus (Gerrit) Gul (1849-1920), Erzbischof von Utrecht 1892-1920.
80 Herzog an Gul, 1. März 1905: RAU 602 [BABe, AH 85,156]; vgl. auch Anm. 91.

kann. Werden die Bedingungen angenommen was ich glaube, so werde ich den bestimmten Antrag stellen, die gewünschte Konsekration zu erteilen.

Ein gleichlautendes Schreiben geht auch an den hochwürdigsten Herrn Bischof Weber ab.[81]

Gul scheint die Sendung aus der Schweiz auch an seinen Haarlemer Mitbischof Casparus Johannes Rinkel[82] weitergeleitet zu haben, denn dieser schreibt Gul am 4. April 1905 einen Brief, in dem er nicht nur um kollegiale Beratung mit dem Erzbischof und dem Bischof von Deventer bittet, sondern auch eine ganze Liste von Fragen und Bedenken aufstellt. Sie lauten wie folgt:

> Voor de Philippino's, bekend als een zonderling en gemengd ras, worden, zooals ik wel begrijp, niet *een* maar *drie* bisschoppen gevraagd, en dat die door 't O.K. Episcopaat zullen gewijd worden. Een uiterst gewaagd voorstel, naar het mij voorkomt, te meer nog, als een anglic. bisschop, reeds aan Mgr. Herzog verklaard heeft, dat het onder de geestelijken der Philippino's een "vreemde en onzedelijke toestand" is. Hebben wij wel veel eer ingelegd met Mgr. Koslowski c[um] s[uis]? En wat zal daar nog volgen?
>
> Hebben wij thans te doen met een volk dat uit overtuiging en door den drang van het geweten tot ons komt? Kan men dit ten minste zeggen van degenen, die als leiders optreden? Of gelden hier voor alles stoffelijke belangen? Bestaan daar reeds bisschoppen? Om welke redenen willen zij niet onder haar staan? Ik meen, dat wij, ook naar ons gevoelen, voor eerst af te wachten hebben welk antwoord de Philippino's aan Mgr. Herzog zullen zenden.
>
> De "bijlagen" hoop ik zoodra mogelijk, aan de bisschop v. Deventer te zenden.[83]

---

81   Herzog an Gul, 1. März 1905 (wie Anm. 80). Vgl. auch Anm. 32.

82   Casparus Johannes Rinkel (1829-1906), Bischof von Haarlem 1873-1906.

83   Rinkel an Gul, 4. April 1905: RAU 602. «Für die Philippinos, die als eine merkwürdige und gemischte Rasse bekannt sind, wird, soweit ich es recht verstanden habe, nicht um einen Bischof, sondern um drei Bischöfe gebeten, und die sollen vom a[lt]k[atholischen] Episkopat geweiht werden. Das dünkt mich ein äusserst gewagter Vorschlag, umso mehr als ein anglikanischer Bischof schon gegenüber Mgr. Herzog erklärt hat, dass unter den philippinischen Geistlichen ein ‹befremdlicher und unsittlicher Zustand› herrscht. Haben wir uns denn mit Mgr. Kowalski und Konsorten Ruhm erworben? Und was wird daraus noch werden? Haben wir es jetzt mit einem Volk zu tun, das aus Überzeugung und vom Gewissen gedrängt zu uns kommt? Kann man das wenigstens von denjenigen sagen, die als Führer auftreten? Gibt es da schon Bischöfe? Aus welchen Gründen wollen sie diesen nicht unterstehen? Nach meiner Meinung sollten wir vorerst abwarten, was für eine Antwort die Philippinos Mgr. Herzog schicken werden. Die ‹Beilagen› hoffe ich so bald wie möglich dem Bischof von Deventer zu schicken.»

Rinkel schickt noch am gleichen Tag die besagten Dokumente dem Bischof von Deventer, Nicolaus Bartholomaeus Petrus Spit[84] und äussert ihm gegenüber dieselben Bedenken wie dem Erzbischof gegenüber[85]. Nachdem die niederländischen Bischöfe sich über die Frage der Weihen für die IFI ausgetauscht haben, schreibt Gul Herzog am 9. Mai 1905[86]: Erstens sei für den niederländischen Episkopat die Weihe philippinischer Bischöfe ausgeschlossen, wenn der moralische Zustand tatsächlich dem entspreche, was Bischof Brent Herzog mitgeteilt habe, und er bittet Herzog, den Sachverhalt bei der schweizerischen oder der amerikanischen Botschaft in Manila überprüfen zu lassen[87]. In diesem Zusammenhang erwähnt Gul, dass dies eigentlich auch schon die Entscheidung der Bischofskonferenz in Olten gewesen sei. Zweitens möchten die niederländischen Bischöfe gerne wissen, welche liturgischen Bücher und welchen Katechismus die IFI verwendet. Erst wenn diese zwei Sachverhalte geklärt seien und nachdem die Bischöfe die ganze Angelegenheit mit ihrem Klerus hätten besprechen können, könne man gegebenenfalls zu einer Weihe schreiten[88].

Herzog antwortet schon am 11. Mai 1905[89]. Es lohnt sich, diesen Brief ganz zu zitieren, denn in ihm legt Herzog seine (damalige) Sicht der IFI recht deutlich dar:

Hochwürdigster Herr Erzbischof!
Ihr geehrtes Schreiben vom 9. Mai habe ich soeben erhalten. Ich beeile mich Ihnen auf Ihre Fragen sofort die nachfolgenden Antworten zukommen zu lassen; vorher jedoch bemerke ich, dass wir meines Wissens auf der letzten Bischofskonferenz in Olten über die philippinische Angelegenheit keinen Beschluss gefasst haben. Ich selbst wenigstens habe weder an einem solchen Beschluss mitgewirkt noch würde ich einer einfachen Abweisung der Angelegenheit zugestimmt haben.

Was nun die Moralität der Philippiner betrifft, so hat Bischof Brent die bezüglichen Aeusserungen über die *römischkatholische* Bevölkerung der Philippinen getan. Als Ursache der unter dem Klerus der *römischkatholischen* Kirche bestehenden Uebelstände betrachtet er insbesondere den weder für die Rasse der orientalischen Bevölkerung noch für die klimatischen Verhältnisse passenden Zwangscoelibat der Geistlichen. Daher hofft er auch von der neuen römischkatholischen

---

84 Nicolaus Bartholomaeus Petrus Spit (1853-1929), Bischof von Deventer (1894-1929).
85 Rinkel an Spit, 4. April 1905: RAU 602.
86 Gul an Herzog, 9. Mai 1905: RAU 602.
87 Vgl. oben 4.1.
88 Es ist hier anzumerken, dass, obwohl die niederländische Kirche in diesem Moment noch keine nationale Synode kennt, Synodalität bei den niederländischen Bischöfen eine grössere Rolle zu spielen scheint als bei Herzog.
89 Herzog an Gul, 11. Mai 1905: RAU 602 [BABe, AH 85,247].

Hierarchie keine wesentliche Besserung der Verhältnisse. Uebrigens fügt er bei, die Zustände seien ungefähr so wie in anderen südlichen Ländern, in denen das Papsttum allein herrschend ist.

Es ist selbstverständlich, dass auch die Independenten von den allgemein herrschenden Gebrechen nicht frei sind, aber ich erlaube mir zu bemerken:

1. gegen den Oberbischof Aglipay wird von keiner Seite der Vorwurf erhoben, dass er ein unmoralischer Mann sei; wohl aber ergibt sich aus seinen Erlassen, dass er von den Geistlichen mit grösstem Nachdruck einen moralischen Lebenswandel fordert, indem sonst von keiner gesegneten Wirksamkeit die Rede sein könne, und als moralische Frucht wahrer Religiosität des ganzen Volkes christliche Rechtschaffenheit darstellt;

2. er protestiert energisch gegen den Vorwurf des Papstes Leo's XIII, dass die Philippiner ein lasterhaftes Volk seien; sofern ein solcher Vorwurf begründet sei, hätten das die römischen Mönche verschuldet;

3. wie Aglipay dem Bischof Brent mitteilte, beschäftigt man sich mit dem Elan, den Zwangscoelibat fallen zu lassen, um die Moralität des Klerus zu heben.

Unter diesen Umständen halte ich es für zwecklos, durch einen Konsul, der die Verhältnisse doch nicht kennt, genauere Aufschlüsse einziehen zu lassen. Meiner Meinung nach ist die Kirche eben dazu da, die Menschen zur Tugendhaftigkeit zu *erziehen*. Auch Heiden, die von heidnischen Sitten noch keineswegs frei sind, werden gerne in den Verband der Kirche aufgenommen. Ich glaube nicht, dass wir berechtigt sind, die Philippiner, wenn sie sich kirchlich organisieren und mit uns in Kirchengemeinschaft treten wollen, zu exkommunizieren und der kirchlichen Gnadenmittel zu berauben. Der gegenwärtige Papst hat wieder eine mit reichen Geldmitteln ausgestattete Gesandtschaft nach den Philippinen geschickt, die mit Hilfe der amerikanischen Staatsgewalt die Philippiner nötigen soll, wieder unter die römische Oberhoheit zurück zu kehren. Sollen wir strenger sein als der Papst?

Ueber die Lehre der Philippiner gibt die Broschüre Dotrina della Iglesia Filipina Aufschluss, die ich zu den Akten gegeben habe. Ich bemerke nur, dass es dort Seite 13 z.B. über die hl. Messe heisst: «Wir nehmen sie ganz so an, wie es die Römischen feiern» (la adoptamos externamente como la celebran los romanistas).

Indem ich vorerst weitere Mitteilungen aus Manila abwarte versichere ich Sie, hochwürdigster Herr Erzbischof, meiner grössten Hochachtung und aufrichtigen Ergebenheit.

Eduard Herzog, Bischof.

Herzog betrachtet die IFI also von ihrer möglichen Entwicklung (zur Sittlichkeit) hin – die durchaus problematische Einschätzung der philippinischen «Rasse» durch die verschiedenen Protagonisten soll hier nicht weiter erörtert werden – und hält sie theologisch für orthodox. Dass er dabei gerade auf die Lehre der Eucharistie verweist, ist wohl kein Zufall, denn genau diese Lehre war auch schon 1889 ein umstrittener Punkt bei den Verhandlungen im Zusammenhang mit der «Utrechter Erklärung» (vgl. Punkt 9). Allerdings übersetzt Herzog falsch, denn die von ihm angeführten Broschüre sagt eben nicht, dass die IFI die Messe so annehme wie die römisch-katholische Kirche, sondern nur, dass sie dieselbe Form verwende. Diese Fehleinschätzung dürfte nicht unwichtig sein angesichts der späteren theologischen Entwicklung der IFI und der Kontakte mit der Utrechter Union.

Die Reaktion des niederländischen Episkopats auf den Brief von Herzog zeigt, dass im Moment keine Handlungsgrundlage vorhanden war und man einfach weitere Nachrichten abwarten wollte[90].

4.4 Die Reaktion des deutschen altkatholischen Bischofs Theodor Weber

Wie Herzog in seinem ersten Brief an Gul schrieb, hatte er die Unterlagen der Sitzung in Bern auch an Bischof Weber der deutschen altkatholischen Kirche geschickt. Webers Reaktion lässt ein wenig auf sich warten und liegt in einem Brief vom 14. März 1905 vor[91]:

Mein lieber Freund!
Entschuldige, dass ich auf mehrere Deiner Zuschriften erst heute antworten kann. Mein Rechnungsrath ist seit langem krank; da häufen sich hierdurch die Antworten so, dass manches nicht so rasch erledigt werden kann, wie ich gerne möchte …
In Deinem Schreiben vom 1. d[es] M[onats] ist mir aufgefallen, dass Du in demselben die unabhängige Kirche auf den Philippinen als «katholische» bezeichnest und die betreffenden Bischöfe trotzdem die [«]katholische Consekration» zu erhalten wünschen. Ich glaube, dass wir auch hier recht vorsichtig sein müssen. Unter allen Umständen bin ich aber für eine Bischofsconferenz in diesem Jahre, nicht bloss wegen der Angelegenheit auf den Philippinen sondern auch aus anderen Gründen. …
[Weber][92]

---

90 Vgl. Rinkel an Gul, 1. Juli 1905: RAU 602. Rinkel schreibt dem Erzbischof, dass er mit ihm und dem Bischof von Deventer, Spit, einverstanden sei und dass man abwarten solle.

91 Herzog an Weber, 1. März 1905: BABe, AH 85,154. [Herzog hatte Weber schon am 6. Dezember 1904 ausführlich darüber informiert, was er im Anschluss an die IBK-Sitzung vom 1. September 1904 im Hinblick auf eine Kirchengemeinschaft mit der IFI und einer Bischofsweihe Aglipays unternommen und welche Informationen er erhalten hat; AH 85,47]

92 Bischöfliches Archiv des Katholischen Bistums der Alt-Katholiken in Deutschland, Bonn [= BABo], 1.54 (Bischofskonferenzen). Herzlichen Dank an Angela Berlis (Haarlem/Utrecht) für die Beschaffung dieses Briefes.

Wie der niederländische Episkopat ist also auch Weber zurückhaltend und bittet um weitere Beratung im Rahmen der IBK. Er weist Herzog zudem auf eine theologische Inkonsistenz hin: Eine Kirche ohne gültig geweihten Bischof ist eigentlich nicht im vollen Sinn katholisch, denn sie befindet sich nicht in der apostolischen Sukzession.

5. Weitere «altkatholische» Kontakte der IFI

Wie aus den Archiven der IFI hervorgeht, war Herzog nicht der einzige und nicht einmal der erste Geistliche aus der weiteren «altkatholischen» Bewegung, der sich mit Aglipay in Verbindung setzte. Der von Herzog und der IBK als Bischof nicht anerkannte Paolo Miraglia[93] war schneller, und auch der gleichfalls von der IBK nicht anerkannte Bischof Joseph René Vilatte[94] nahmKontakt mit Aglipay auf[95].Von der Korrespondenz zwischen Miraglia und Aglipay ist leider nur ein Brief des ersteren bekannt. Er schreibt Aglipay am 18. Februar 1904 wie folgt[96]:

---

93 Paolo Miraglia-Gullotti (1857-1918), Er wurde 1900 von Joseph René Vilatte (vgl. Anm. 94) zum Bischof von Piacenza geweiht. [Die IBK hat sich am 1. September 1904 in einer offiziellen Erklärung ausdrücklich von Miraglia, Vilatte, E.R. Benedikt Donkin und Stefan Kaminski distanziert; vgl. Bericht (wie Anm. 27) 125. *Anm.d.Red*]

94 Joseph René Vilatte (1854-1929), der 1885 in Bern von Bischof Herzog zum Diakon und zum Priester geweiht worden war, erhielt 1892 von Bischöfen der Unabhängigen Katholischen Kirche von Ceylon die Bischofsweihe.

95 IFI Archives: OM 1.1, 1903 -1910, Box 1, Folder 2. Zur Einstellung der IBK zu den sog. episcopi vagantes, vgl. z.B. Küry, Kirche (wie Anm. 3), 96-98. [Zu Miraglia und Vilatte vgl. Henry R.T. Brandreth, Episcopi Vagantes and the Anglican Church, London (SPCK) ²1961; Peter F. Anson, Bishops at Large, London (Faber and Faber) 1964; Serge A. Thériault, Mgr René Vilatte. Community Organizer of Religion 1854-1929. Updated and Revised Edition, Berkeley CA (Apocryphile) 2006. *Anm.d.Red*]

96 Original auf Lateinisch und nur schlecht lesbar erhalten; der hier zitierte Text (in der originalen Buchstabierung) ist eine authentifizierte spanische Übersetzung von: José Pasion (ein Bischof der IFI) vom 19. Februar 1949, beide in: IFI Archives: OM 1.1, 1903 -1910, Box 1, Folder 2. Deutsche Übersetzung des Briefcorpus (wofür wir Moisés Mayordomo, Bern, danken): «Geliebter Bruder in Christus. Ich habe keine Antwort von Dir erhalten auf meinen Brief, datierend von November im Jahre des Herrn 1902, sondern lediglich eine Kleinschrift des vorherigen Jahres und, einige Tage später, zwei Zeitschriften (1. Die Erlösung des Arbeiters, 2. Die Unabhängige

Oratorio San Paolo Piacenza
Carisimo hermano en Christo
No he recibido ninguna consteatacion tuya a mi carta fechada del noviembre del ano del Señor de 1902, sino solamente un opúsculo del año anterior, y pocos dias despues dos revistas (1- La Redencion del Obrero- 2. La Iglesia Independiente). Por lo tanto podrás muy facilmente comprender conque alegría grandísima del ánimo se me llegó ahora tu carta fechada enero 1904. Por eso te felicito a ti y otros bonisimos hermanos co-episcupos y a todos los carísimos de esa Iglesia, redimida de la curia del AntiChristo, y me regocijo muchisimo y doy desde el fondo de mi corazón gracias a Dios providentísimo a quien solo se debe el honor y la gloria. Si, como escribes, deseas abrazarme con gusto, yo tambien lo deseo con muchísimo gusto.

Como deseas saber, los gastos del itinerario maritimo desde el puerto de Genova (en italiano Genoa) a estas Islas, son: Por un billete de primera clase (vulgarmente en francos) 1,619, pero por un billete de segunda clase, que para evitarte mayores gastos es lo que voy a tomar (vulgarmente en francos) 1,037; pero desde Ginebra hasta Genova por un billete de segunda clase de tren (o vía ferrea) (vulgarmente en francos) cerca de 100.

Tan pronto como reciba el dinero que tu me lo podrás enviar de la más facil, yo inmediatamente iré alli. Adios.
Tu afectisimo hermano en Christo
(FDP.) Paulus Episcopus Miraglia

(traducido) Pablo Obispo Miraglia.
Dado en Ginebra (Helvetia Gallica-Suiza Francesa)
dia 18 de febrero 1904.

Kirche). Deshalb wirst Du sehr gut verstehen können, mit welch übermässiger Freude des Herzens Dein Brief, datierend von Januar 1904, bei mir angekommen ist. Dafür danke ich Dir und anderen sehr gütigen Brüdern Mitbischöfen und allen Geliebten aus dieser Kirche, welche erlöst worden ist aus der Kurie des Antichristen, und ich freue mich in hohem Masse und danke von tiefstem Herzen dem immer vorsehenden Gott, dem alleine Ehre und Herrlichkeit gebührt. Wenn Du – wie Du schreibst – wünschst, mich mit Freuden zu umarmen, so wünsche ich das auch mit sehr grosser Freude.
Wie Du wissen möchtest, betragen die Kosten für die Seefahrt vom Hafen in Genova (auf italienisch Genoa) zu diesen Inseln: Für ein Reisebillet erster Klasse (gewöhnlich in Franken) 1'619, hingegen für ein Reisebillet zweiter Klasse – welches ich, um Dir grössere Kosten zu ersparen, nehmen werde – (gewöhnlich in Franken) 1'037. Aber von Genf nach Genova für ein Zugbillet (oder auf dem Schienenweg) zweiter Klasse (gewöhnlich in Franken) um die 100.
Sobald ich das Geld erhalte, welches Du mir auf sehr einfachem (Wege) schicken kannst, werde ich sofort dorthin gehen. Auf Wiedersehen. Dein sehr geliebter Bruder in Christus.»

Al Ilmo. y Revmo. Sr. Gregorio Aglipay, Obispo Maximo de la Iglesia Catolica Independiente de las Islas vulgarmente dichas Filippinas
Direccion: Monsenor Paola Vescovo Miraglia, (Suiza Francesa) Ginebra.

Offenbar ist der Stand der Dinge in der Sicht Miraglias so, dass Aglipay plant, nach Genf zu reisen, und dies wohl mit dem Ziel, sich zum Bischof weihen zu lassen. Auch wenn Miraglia dies nicht ausdrücklich sagt, scheint dies naheliegend. Kontakte existieren offenbar schon seit November 1902, nur drei bis vier Monate nach der Proklamation der IFI, allerdings in einer für Miraglia nicht immer befriedigenden Form. Wie die Kontakte weiter verlaufen sind, ist uns nicht bekannt. Sicher ist aber, dass Aglipay die Reise nach Genf nie angetreten hat.

Angesichts der Korrespondenz Miraglias mit Aglipay stellt sich die folgende Frage: Meinte Morayta, der in seiner Korrespondenz von einem altkatholischen Bischof in Genf, den er mit Herzog identifizierte, sprach[97], ursprünglich Miraglia? Denn Miraglia hielt sich damals in Genf auf. Weiterhin ist es auffällig, dass Morayta, nachdem direkte Kontakte mit Herzog hergestellt waren, Aglipay noch vorschlug, auf seiner Reise nach Bern einen Zwischenhalt in Genf einzulegen. In den Augen Moraytas hätte offenbar sowohl Miraglia wie auch Herzog die erwünschte Weihe spenden können. Waren Moraytas Bemühungen, Aglipay mit Herzog in Verbindung zu setzen Folge einer anfänglichen Verwechslung von Herzog und Miraglia? Da Morayta anfänglich von einem altkatholischen Bischof in Genf schreibt, ist dies naheliegend.

Auch die Korrespondenz von Vertretern der IFI mit dem (ebenfalls von der IBK nicht anerkannten) altkatholischen Bischof Vilatte ist nur unvollständig bekannt. Den einzigen uns bekannt gewordenen Brief schrieb Vilatte am 15. Februar 1907 an Isabelo de los Reyes Sr., den er für einen Geistlichen hält[98]. Der Brief ist offensichtlich Teil eines Briefwechsels, der schon im Gang ist, von dem wir aber nicht wissen, wer ihn wann initiiert hat[99]. Vilatte, der von Paris aus als Bischof der «Église Catholique Apostolique et Gallicane» schreibt, fasst in seinem Brief sein Verständnis der IFI zusammen, vor allem hinsichtlich der ihm von De los Reyes mitgeteilten Tatsache, dass ihre Bischofsweihen irregulär

---

97 Vgl. oben 4.2.2.
98 Offenbar kannte Vilatte Isabelo de los Reyes Sr. nicht persönlich, obwohl der Letztgenannte von 1905-1909 in Spanien weilte; vgl. RESIL B. MOJARES, Brains of the Nation: Pedro Paterno, T.H. Pardo de Tavera, Isabelo de los Reyes and the Production of Modern Knowledge, Manila (Ateneo de Manila University Press) 2006, 285.
99 Vilatte an De los Reyes, 15. Februar 1907: IFI Archives, OM 1.1, Box 1, Folder 2 (Original auf Italienisch, spanische Übersetzung von G. E. Tolentino).

seien. Er ist bereit, diese Irregularität beseitigen zu helfen, insofern Aglipay einverstanden ist und insofern die IFI in ihrem Glauben wirklich katholisch ist. Für Vilatte beinhaltet dies die Annahme der sieben Sakramente und der sieben ökumenischen Konzilien, der Eucharistie als Opfer, und die weitere Treue zur kirchlichen Tradition, insofern sie nicht mit der Schrift in Widerspruch steht. Er wolle abwarten, wie Aglipay darauf antworte und sei bereit, nach den Philippinen zu reisen, falls seine Bedingungen umfassend erfüllt würden.

Der weitere Verlauf der Verhandlungen zwischen Vilatte und der IFI ist unklar. Es ist offen, ob Vilatte je eine Antwort erhalten hat. Falls dies der Fall gewesen sein sollte, wäre es nicht erstaunlich, dass sie ablehnend gewesen wäre. Die dogmatische Entwicklung der IFI war 1907 nämlich schon so weit fortgeschritten, dass sie kaum mehr mit dem Glaubensverständnis von Vilatte hätte in Einklang gebracht werden können.

6. Die Schlussphase der Kontakte zwischen Herzog und Aglipay

Nach den verschiedenen oben beschriebenen Entwicklungen, die zu einem vorläufigen Ende der Kontakte ab 1905 führten, ohne dass freilich die Gründe dafür eindeutig wären, kommt es 1912 noch einmal zu einem Briefwechsel zwischen den beiden Bischöfen Aglipay und Herzog. Falls es in der Zwischenzeit direkte Kontakte gegeben hat, lassen sich Belege dafür nicht mehr ausfindig machen. Der Neuanfang der Kontakte wird diesmal von Aglipay initiiert, der am 2. August 1912, genau am Dezennium der Proklamation der IFI, Herzog mit einem kurzen Begleitschreiben den neuen Katechismus der IFI zukommen lässt[100]. Die Antwort von Herzog lässt nicht lange auf sich warten, denn schon am 16. September des gleichen Jahres schreibt er Aglipay den folgenden Brief[101]:

> My Lord
> I have received the book 'Catequesis' which you have so kindly sent me. If I am not mistaken, this book is now the Confession of Faith of your Church. You know, that, in geographical sense, we are antipodes. With deepest sorrow I must say you that

---

100 Aglipay an Herzog, 2. August 1912: BABe, AH 34 (Philippinen).
101 BABe, AH 96,157 (Transkription U. von Arx; da die Tinte teilweise verblasst ist, lässt sich nicht alles lesen).

we are antipodes also in the religious and ecclesiastical sense. You are so *far* from us that even a discussion between us is impossible.

Will you allow me only some remarks:

1. The author of 'Catequesis' seems to believe that in the Old Testament we have to darn [?] natural science and history. That is not the case ... should *distinguish* between the ... and the eternal religious and moral truth. The doctrines of evolution is not in opposition to the divine revelation of religion. Darwin was a churchman; Häckel is not even an authority to the naturalists.

2. I am astonished that the author of 'Catequesis' does so little understand the language of the New Testament and especially of the Holy Gospels. It is not allowed to take parables in an eternal sense.

3. Strauss and Renan are forgotten. If the author of 'Catequesis' had the intention to found his faith not on J[esus] Chr[ist], but on some instructed man of our time, he had to name Harnack and others.

4. I see on page 40 the words 'También han enviado sus plácemes los arzobispos independientes de Paris, de Antioquía, de Suiza [Ebenfalls haben geschickt ihre Zustimmung die unabhängigen Erzbischöfe von Paris, Antiochia, der Schweiz]. I don't know the names of those arzobispos, but I think the author of 'Catequesis' has in view *Vilatte, Houssay*, the so called *Donkin*, 'Bishop of Holy Cross in Antiochia and Vicaire Apostolique of Southern Switzerland', *Miraglia*. These men have *no Church*; Donkin was not even priest, but he has deceived during many years Romans and Anglicans; he was often in prison as a *swindler*; he is now dead. The Old Catholics have no connection with these people.

I regret very much that you are responsible for the 'Catequesis'. I am now 44 years Professor of Exegesis, but I have kept the faith and hope to do so until my end.

Yours in X.

Ed. Herzog, Bishop.

Dies ist eine recht klare Antwort, die keines weiteren Kommentars bedarf. Aglipays Antwort lässt auch nicht lange auf sich warten. Am 30. Oktober 1912 schrieb er Herzog einen Brief, in dem die folgenden Punkte wichtig sind[102]. Erstens bedauert Aglipay, dass Herzog sich trotz seiner vierundvierzigjährigen Professur nicht von seinen offensichtlichen Irrungen distanzieren kann. Dann unterstreicht Aglipay noch einmal, dass das Alte Testament kaum göttlichen Ursprunges sei, weil es voll von wissenschaftlichen und moralischen Fehlern sei. Zum Neuen Testament merkt Aglipay an, dass es Jesus überdeutlich als einen irrenden Menschen darstelle, weswegen er nicht Gott sein könne. Als nächsten Punkt erwähnt Aglipay, dass die Theo-

---

102 Aglipay an Herzog, 30. Oktober 1912: BABe, AH 34 (Philippinen).

logen seiner Kirche ohne Vorurteile alle Schriften aller Schriftsteller lesen, ohne irgendwie eigenen religiösen Überzeugungen verhaftet zu sein. Diese wissenschaftliche Freiheit habe es der IFI ermöglicht, immer das Beste zu wählen, ohne sklavisch den Schriften der «alten Juden» zu folgen in einer Zeit, in der sogar Schulkinder mehr wissen als diese damals. Aglipay weist dann den Vorwurf zurück, dass er sich zu sehr auf zweifelhafte Autoritäten stütze, und betont, dass auch die Tatsachen zeigen, dass die Bibel ein fehlbares, von Menschen geschriebenes Buch sei. Ausserdem nimmt Aglipay an, dass er die Schriftsteller, die er in seinem Katechismus erwähne, sowieso besser kenne als Herzog, da er unvoreingenommen arbeite. Herzog soll ja nicht denken, dass man auf den Philippinen keinen Zugang zu den Früchten der europäischen und amerikanischen Moderne habe – Herzog schreibe ja selber, dass er keine Kirche kenne, die modernistischer sei als die IFI. Zum Schluss fordert Aglipay Herzog heraus, sich auf eine Diskussion einzulassen und zu versuchen ihm (Aglipay) zu zeigen, wo er denn wirklich auf Irrwegen gehe.

Mit diesem Schlagabtausch ist das Ende der frühen Kontakte zwischen den Altkatholiken, namentlich Bischof Herzog, und der IFI, namentlich Aglipay, erreicht.

Herzog kommt zum letzten Mal auf Aglipay zu sprechen in einem Aufsatz in der «Internationalen Kirchlichen Zeitschrift» von 1919, mit dem Titel «Internationale kirchliche Beziehungen der christkatholischen Kirche der Schweiz»[103]. Er äussert sich darin auch über verschiedene wenig erfolgreiche ökumenische Kontakte:

Damit nicht der Schein entsteht, ich gehe absichtlich mit Stillschweigen über arge Enttäuschungen hinweg, sei hier schliesslich nur noch der Angelegenheiten gedacht, die mit den Namen Aglipay auf den Philippinen, Matthew in London und Miraglia in Piacenza zusammen hängen. Es genügt jedoch – was Aglipay betrifft – auf die amtlichen Berichte in den Protokollen der Synoden von 1904 (S. 31), 1906 (S. 34), 1907 (S. 34f.), 1910 (S. 39f.) und, was Matthew betrifft, auf die Protokolle der Synoden von 1908 (S. 50ff.), 1910 (S. 37f.), 1911 (S. 34f.), 1914 (S. 36f.), sowie die Abhandelung in der ‹Internationalen kirchlichen Zeitschrift›, 1915, S. 271-296 und die a.a.O., S. 342-347, erschienen Mitteilungen zu verweisen. Miraglia, aus Italien infolge unglücklicher Pressprozesse flüchtig, hat am Oltner Kongress teilgenommen und wanderte einige Zeit nachher nach den Vereinigten Staaten aus, wo er sich mit Vilatte in Beziehung setzte und jüngst gestorben sein soll.[104]

---

103 IKZ 9 (1919) 1-37. 112-126.
104 A.a.O.,18.

Für Herzog gehört Aglipay letztlich in die gleiche Kategorie wie Mathew, Miraglia und Vilatte, also in der Kategorie der sog. *episcopi vagantes*.

7. Schlussfolgerungen

Aufgrund der obigen Darlegungen ist es jetzt möglich, die folgenden Schluss-folgerungen zu ziehen. Es ist erstens wichtig festzuhalten, dass nicht Aglipay, sondern Herzog die Kontakte zwischen den Altkatholiken der Utrechter Union und der IFI initiiert hat. Herzog tat dies, wie aus seiner Korrespondenz mit dem niederländischen Episkopat und mit Brent deutlich wird, aus einem Ver-langen heraus, kirchenamtliche Beziehungen zwischen verschiedenen romun-abhängigen katholischen nationalen Kirchen herzustellen. Diese Feststellung bedeutet aber auch, dass Aglipay nicht von sich aus auf die Suche nach (in den Augen Roms) gültigen Weihen gegangen ist. Der gleiche Ablauf lässt sich wahrnehmen in der Korrespondenz mit Miraglia, wobei sich aber sowohl die Korrespondenzen Herzogs wie auch Miraglias und Vilattes mit Aglipay schliesslich immer auch um die Frage der Weitergabe gültiger Weihen wie auch um die Rechtgläubigkeit der IFI drehten.

Zweitens darf auch festgehalten werden, dass die Meinung, Aglipay brau-che eine «gültige» Weihe, primär von Morayta vorgetragen wurde, und zwar aus der Überlegung heraus, dass dies Aglipays Position gegenüber Rom stär-ken würde. Nach Aglipays eigener Ansicht war seine Bischofsweihe durch Priester durchaus gültig. In seiner Korrespondenz versuchte jedoch Morayta andauernd, Aglipay von der Ansicht zu überzeugen, dass in den Augen Roms gültige Weihen kirchenpolitisch unverzichtbar seien. Bezüglich der Weihen gab es also drei Gesichtspunkte: (1) Nach Aglipays eigener Ansicht war er mit seiner erfolgten Weihe in vollem Sinn Bischof; (2) nach der Ansicht Moraytas brauchte Aglipay eine zusätzliche Weihe, um seine Kirche Rom gegenüber zu festigen (Morayta); (3) nach der Ansicht der altkatholischen Bischöfen der IBK (Miraglia und Vilatte wären hier wohl einverstanden) brauchte Aglipay überhaupt eine Bischofsweihe, um die Katholizität seiner Kirche zu vervoll-ständigen. Wer jetzt die Weihe spenden würde, scheint weder in den Augen Moraytas noch in den Augen der IFI eine grosse Rolle gespielt zu haben: Hauptsache war, dass sie in römischer Perspektive als gültig gelten konnte. Die Initiativen von Herzog und von Morayta, die aus unterschiedlichen Über-legungen heraus an Beziehungen zwischen Altkatholiken und der IFI inte-ressiert waren, mündeten in ein Projekt, dessen Voraussetzungen auf dem

Treffen vom 24. Februar 1905 skizziert wurden, das aber letztlich ergebnislos bleiben sollte.

Drittens lässt es sich feststellen, dass der Briefwechsel von Herzog (auch in seiner Eigenschaft als Vertreter der IBK) mit der IFI schwierig wurden, sobald es um konkrete Fragen und Anforderungen ging. In dieser Hinsicht dürfte eine Parallele zu den Kontakten mit der amerikanischen Episkopalkirche bestehen, in denen eine gewisse Vagheit bzw. Unverbindlichkeit seitens Aglipays für Frustrationen bei Bischof Brent sorgte[105]. Möglicherweise nahm auch die Korrespondenz mit Vilatte einen ähnlichen Verlauf, aber das liess sich nicht überprüfen. Es gibt eben keine expliziten Aussagen über die Gründe dafür, dass Aglipay (und mit ihm die IFI) sich zurückziehen schienen, sobald konkrete Anforderungen gestellt wurden. Wen man sich aber – auf dem Hintergrund der Probleme der IFI auf den Philippinen – die theologische Entwicklung der IFI vergegenwärtigt, lassen sich sowohl inhaltliche wie auch praktische Gründe für den zögerlichen Charakter der Kontakte ab 1904/1905 und besonders ab 1906 finden. Bezüglich der praktischen Seite des Unternehmens ist noch anzumerken, dass sich niemand anerbot, Aglipays Reise nach Europa zu finanzieren, damit er sich dort zum Bischof weihen lasse; dies dürfte durchaus mit ein Grund dafür gewesen sein, dass er in Manila blieb.

Viertens lässt sich hinsichtlich der Kontakte mit den Altkatholiken der Utrechter Union feststellen, dass es zwei Phasen gibt: Eine erste dauerte von der ersten Kontaktaufnahme 1903 bis 1905/6, eine zweite spielte im Jahr 1912, die aber zu einem endgültigen Bruch zwischen Herzog und Aglipay

---

105 Dies hatte wohl kulturelle Gründe, vgl. für eine Einschätzung von Bischof Brent in dieser Hinsicht, die folgende Bemerkung von WILLIAM H. SCOTT, The Proper Use of Documents, in: Philippine Studies 2 (1963), 328-335, 333: «A more careful study of this great man's (*Brent*) life and times, however, would have made it clear that, like other big-thinking Americans of his generation, he judged the moral behaviour of other races from the vantage point of what he himself called the Anglo-Saxon way of life. As an honest turn-of-the-century American imperialist, he considered it a Christian virtue to confront other men with the straightforward disregard for their amor propio which was no less offensive to non-Americans then it is today. In letters quoted by Fathers Achutegui and Bernad he frankly reports having insulted Aglipay to his face ... and he demonstrates a complete lack of understanding of, and sympathy for, Filipino Psychology ... What self-respecting Filipino would make a formal request for consecration of an American House of Bishops and run the risk of so cosmic a rebuff without first feeling out the probable response? ... Bishop Brent's treatment of Gregorio Aglipay may be adjudged in the fullness of time a strange blind spot in the life of a man whose whole career was marked by vision.»

führte, und zwar aus dogmatischen Gründen. Innerhalb von zehn Jahren waren IFI und Altkatholiken theologisch völlig auseinandergedriftet, wobei die schnellsten diesbezüglichen Entwicklungen innerhalb der IFI stattfanden. In Herzogs Schlussbeurteilung der IFI im Jahr 1919 ordnete er sie in der gleichen Kategorie ein wie die sog. Vagantenbischöfe: Sie waren keine wirklichen katholische Bischöfe, sei es wegen der fehlenden ekklesialen Einbettung ihres Bischofsamtes oder wegen der presbyterialen Konsekration und eines defizitären Glaubensbekenntnisses.

Fünftens lässt sich bei der Betrachtung der Diskussion über kirchliche Beziehungen mit der IFI, wie sie innerhalb der IBK 1905 geführt wurde, eine unterschiedliche Beurteilung der Gründe, die zur Vorsucht gegenüber der IFI rieten, feststellen. Die niederländischen altkatholischen Bischöfe, die Brents Anschauungen, wie sie ihnen von Herzog weitergeleitet worden waren, sehr ernst nahmen, zeigten sich der IFI gegenüber wegen des (angeblich) schlechten moralischen Rufes dieser Kirche zurückhaltend. Herzog hingegen fand dies letztlich kein grosses Problem und hielt das ekklesiologische Profil der IFI für viel wichtiger: Zu einer guten Moral kann man die IFI ja noch erziehen, jetzt möge man die Chance wahrnehmen, eine andere romunabhängige katholische (National)Kirche zu unterstützen. Was kaum eine Rolle spielte, war das Problem der fehlenden Bischofsweihen; die Altkatholiken waren durchaus bereit, der IFI zu diesen Weihen zu verhelfen, wenn nur ihre sonstigen Bedingungen erfüllt waren. Ansonsten gibt es altkatholischerseits keine Anzeichen, dass man sich damals der theologischen Revision der IFI bzw. ihrer Exponenten Aglipay und De los Reyes Sr. bewusst geworden wäre.

Damit ist jetzt, soweit die zur Verfügung stehenden Quellen dies ermöglichen, über den Verlauf der frühen Kontakte der IFI mit den altkatholischen Kirchen der Utrechter Union Klarheit geschaffen. Letztendlich wird man Adolf Küry darin zustimmen müssen, dass der Hauptgrund für das Ende der Kontakte im Jahr 1912 dogmatischer Natur war, obwohl es zwischen 1906 und 1912 wohl auch praktische Gründen dafür gegeben hat, dass die Kontakte nicht kontinuierlich weitergeführt wurden.

Die Entwicklung der ökumenischen Kontakte der Iglesia Filipina Independiente zwischen 1961 und 1965 in der Korrespondenz von *Obispo Maximo* Isabelo de los Reyes, Jr. unter besonderer Berücksichtigung der Beziehung zu den altkatholischen Kirchen der Utrechter Union[*]

1. Einführung

Die Beziehung der Iglesia Filipina Independiente zu anderen Kirchen sowie zur kirchlichen Tradition überhaupt hat im Laufe des 20. Jahrhunderts verschiedene Phasen durchlaufen. Nach einer Entwicklung hin zum „liberalen Christentum" unitarischer Prägung von 1902 bis 1940 unter der Leitung des ersten obersten Bischofs (*Obispo Maximo*) Gregorio Aglipay,[1] gab es ab 1940 eine Entwicklung hin zu einem „Mainstream"-Christentum (besonders anglikanischer Prägung) und ab den 1970er Jahren eine Entwicklung hin zu einer indigenen Rezeption einer Theologie der Befreiung (bzw. des Kampfes). In diesem Beitrag soll es um Aspekte der zweiten der soeben genannten Entwicklungen gehen.

2. Anfänge

Nachdem der Tod des ersten *Obispo Maximo* der *Iglesia Filipina Independiente* (IFI), Gregorio L. Aglipay, am 1. September 1940 eine theologische Kehrtwende innerhalb der IFI eingeleitet hatte[2] und, angesichts der drohenden japanischen

---

* Für die Durchsicht des deutschen Textes bin ich Frau Vikarin Antje Kirchhofer, Bern, und besonders Frau Alison D. Sauer, MA, Freiburg, dankbar.

1   Gregorio Labayan Aglipay (8. Mai 1860, Bathe Ilocos Norte – 1. September 1940, Manila), ab 1876 Schulbesuch und anschliessend allgemeine Studien und ein angefangenes Jura-Studium in Manila (Colegio San Juan de Letran, Universität von Santo Tomas); 1883 Eintritt in das Priesterseminar Vigan, Priesterweihe am 21. Dezember 1889; Kaplan in verschiedenen Gemeinden, zuletzt in Victoria, Tarlac. Im Kontext der philippinischen Revolution und ersten philippinischen Republik wurde Aglipay am 20. Oktober 1898 von Emilio Aguinaldo zum Militärgeistlichen bestimmt und wirkte so für die Filippinisierung der katholischen Kirche auf den Philippinen. Diese Tätigkeit führte 1899 zu seiner Exkommunikation. Als der Philippinisch-Amerikanische Krieg ausbrach, gab Aglipay seine kirchlichen Aufgaben weitgehend auf und wurde zum Guerillero, musste sich jedoch am 25. Mai, 1901 den Amerikanern ergeben. Am 3. August 1902, wurde Aglipay aber von Isabelo de los Reyes Sr. an einer Versammlung der Gewerkschaft *Union Obrera Democratica* zum Haupt der neu proklamierten *Iglesia Filipina Independiente* berufen. Dieses Amt würde er bis zu seinem Tode ausüben. 1935 kandidierte Aglipay (erfolglos) für das Amt des Präsidenten des „Commonwealth der Philippinen."

2   Vgl. dazu aus altkatholischer Sicht z.B. Adolf Küry, ‚Kirchliche Chronik,' *IKZ* 38 (1948), 136-149, bes.144-148.

Invasion des US-amerikanischen Protektorats der Philippinen[3] neue Kontakte zwischen dem Episkopat der Episkopalkirche auf den Philippinen[4] und dem Episkopat der IFI geknüpft worden waren, befand sich die IFI auf einem Weg der theologischen Neuorientierung und ökumenischen Anerkennung. Von grundlegender Bedeutung waren dabei die – mit anglikanischer Hilfe gründlichst revidierten, bzw. neu verfassten – Bekenntnisdokumente der Kirche („Statement of Faith" und „Articles of Religion"), welche 1947 verabschiedet wurden.[5] Sie ebneten den Weg für die Verleihung einer regulären Form des Amtes in der apostolischen Nachfolge durch Bischöfe der Episkopalkirche (1948)[6] und für ein formales Abkommen kirchlicher Gemeinschaft zwischen den beiden Kirchen (1961), wofür der Text des damals dreissigjährigen anglikanisch-altkatholischen Bonner Abkommens verwendet wurde. Dieses Abkommen leitete eine besonders intensive Phase erweiterter ökumenischer Anerkennung der IFI ein, deren Verlauf und Hintergründe aber noch wenig erforscht sind. Aus diesem Grund scheint z.B. das Abkommen der IFI von 1965 mit den altkatholischen Kirchen der Utrechter Union, wie es vor dem Internationalen Altkatholikenkongress in Wien zustande kam,[7] fast aus dem Nichts zu entstehen. Der vorliegende Bei-

---

3   Vgl. Norman S. Binsted, *Iglesia Filipina Independiente (Philippine Independent Church)* (datiert: November 1957, o.O.), 28-29.31-32, vgl. auch die Angaben in idem, *Iglesia Filipina Independiente (Philippine Independent Church): A Paper prepared by Norman S. Binsted from Information Supplied by Isabelo de los Reyes, Jr, and from Other Sources (Confidential. For Circulation to Members of the Lambeth Conference only)* (London: SPCK, 1958).

4   Vgl. für Angaben Pedro S. de Achútegui/Miguel A. Bernad, *Religious Revolution in the Philippines* I-IV (Manila: Ateneo de Manila. The University Press 1960–1972), I, 404-405, II, 115-166.

5   Vgl. für einen Überblick der Verhandlungen, die zu diesen Ereignissen führten, z.B. De Achútegui/Bernad, *Revolution* II, 115-132.167-196.

6   Vgl. Küry, ,Chronik,' 144-148.

7   Vgl. Urs Küry, *Die Altkatholische Kirche. Ihre Geschichte, ihre Lehre, ihr Anliegen* Kirchen der Welt 3 (von Christian Oeyen durchgesehene und ergänzte Auflage; Stuttgart: Evangelisches Verlagswerk, [3]1982), 415.488, Ernst Kreuzeder, *Bericht über den XIX. Internationalen Altkatholiken-Kongress 22. bis 27. September 1965 in Wien* (Allschwil: Christkatholischer Medienverlag, 1965), 11-12, Urs von Arx, ,Der ekklesiologische Charakter der Utrechter Union,' *IKZ* 84 (1994), 20-61, 26n10. Für die Vorbereitung und den Kontext des Treffens, s. weiter: Harald Rein, *Kirchengemeinschaft. Die anglikanisch-altkatholisch-orthodoxen Beziehungen von 1870 bis 1990 und ihre ökumenische Relevanz* I-II EHS 23.477.511 (Frankfurt: Lang, 1993–1994), I, 409-416. Die angeblich übereilte Entscheidung wurde von manchen Seiten kritisiert, vgl. z.B. Victor Conzemius, *Katholizismus ohne Rom* (Zürich: Benziger,

trag skizziert anhand der im Archiv der Iglesia Filipina Independiente (im St. Andrew's Theological Seminary, Quezon City, aufbewahrt) erhaltenen Korrespondenz des damals amtierenden *Obispo Maximo* Isabelo de los Reyes, Jr.,[8] wie sich vor allem die bilateralen ökumenischen Beziehungen der IFI von etwa 1947 bis etwa 1965 entwickelten. Dabei gilt besondere Aufmerksamkeit der Beziehung zu den Altkatholiken. Die zwei Eckdaten ergeben sich aus dem Anfang der Realisierung der *de facto* 1940 von Vertretern der IFI und der Episkopalkirche in den Philippinen, darunter Bischof Norman S. Binsted[9] und Isabelo de los Reyes, Jr. entschiedenen Neuorientierung der IFI, welche nach dem Ende des

---

1969), 134-135, und idem, ‚Le XIXe Congrès des vieux-catholiques à Vienne,' *Irénikon* 38 (1968), 462-472, bes. 463.470-472; Conzemius bezweifelt, dass die Altkatholiken die IFI gründlich genug studiert hatten. S. auch (Erzbischof) Basilius Krivochéine, ‚Le XIXe Congrès international des vieux-catholiques à Vienne,' *Messager de l'Exarchat du Patriarche Russe en Europe Occidentale* 13 (1965), 201-209, bes. 208-209. In diesem Beitrag werden auch die inner-altkatholischen Bedenken von Léon Gauthier erwähnt, der dafür plädierte, dieses Abkommen zunächst von den altkatholischen Gläubigen diskutieren zu lassen, bevor die Bischöfe entschieden (209). Abgesehen davon bezweifelt der Autor die volle Katholizität der spanischen und portugiesischen Kirchen (sie dürften zu protestantisch sein) und auch die der IFI (es dürften noch Überreste vom Unitarismus da sein), aber er anerkennt, dass es für die Altkatholiken vollkommen logisch ist ('il est parfaitement logique'), Gemeinschaft festzustellen mit Kirchen, mit denen ihre anglikanischen Partner auch Gemeinschaft haben.

8   Isabelo de los Reyes, Jr. (Madrid, Spanien, 14. Februar 1900 – Manila, Philippinen, 10. Oktober 1971) wurde nach dem Dienst in der US-Marine 1923 zum Priester für die IFI geweiht; 1925 folgte die Ernennung zum Bischof von Manila und am 1. September 1946 die Wahl zum vierten *Obispo Maximo* der IFI, als welcher er bis zu seinem Tode bestätigt wurde. Vgl. H. Ellsworth Chandlee, *De los Reyes. Supreme Bishop in the Philippines* (New York: National Council, 1962), Macario V. Ga, ‚Obispo Maximo De los Reyes, Jr. A Brief Biography,' *The Christian Register* 20:11-12 (1971), 3-4, und bes. auch Pedro de Achútegui, ‚Bishop Isabelo de los Reyes, Jr.: An Ecumenical Tribute,' *Philippine Studies* 19 (1971), 557-572. Bisher gibt es keine vollständige Biographie.

9   Norman Spencer Binsted (Toronto, 1. Oktober 1890 – Hendersonville, NC, 20. Februar, 1961), nach Studien am St. John's College und Virginia Theological Seminary, Priester der Episkopalkirche (1916), Missionar in Japan von 1917 bis 1940, ab 1928 als Bischof der Tohoku-Diözöse. Ab 1940 Bischof der Episkopalkirche auf den Philippinen bis zur Emeritierung 1957. Während des Zweiten Weltkrieges war er interniert. Vgl. David Shavit, *The United States in Asia. A Historical Dictionary* (Westport, CT: Greenwood, 1990), 47-48.

2. Weltkrieges in den Philippinen durchgeführt wurde.[10] Die hier beschriebenen Entwicklungen sind allesamt Teil dieses grösseren Prozesses. Nach 1965 gilt die IFI als gesichertes Mitglied der Ökumene,[11] es ergeben sich diesbezüglich keine weiteren sturmartigen Entwicklungen mehr. Es wird aufgezeigt werden, wie die ökumenische Zukunft der IFI weitgehend unter anglikanischer Führung geplant und durchgeführt wurde und dass das Abkommen zwischen der IFI und den Kirchen der Utrechter Union faktisch eine weitere Ausdehnung des Abkommens zwischen der IFI und der US-amerikanischen Episkopalkirche darstellt. Um diese Entwicklungen aufzuzeigen, berücksichtigt dieser Beitrag vor allem Korrespondenz, die sich mit der Annäherung zwischen Kirchen beschäftigt, die noch nicht miteinander in Gemeinschaft sind; die zahlreichen Briefe, die sich mit der Festigung der Gemeinschaft zwischen Kirchen, besonders zwischen der IFI und der Episkopalkirche, beschäftigten, werden weitgehend ausser Acht gelassen.[12]

3. Ein erster Schritt: Neue Bekenntnisdokumente und neue Weihen

Die ersten nachweisbaren Kontakte zwischen der IFI und den Altkatholiken seit der Korrespondenz zwischen den Bischöfen Eduard Herzog und Gregorio Aglipay[13] ereigneten sich im Jahre 1947. In diesem Jahr wurde der

---

10 Die Verhandlungen darüber müssen direkt nach Ende des Krieges angefangen haben, vgl. dazu in IFI Archives (SATS), OM 1.4, 1946–1960, Box 3a, Folder 7a einen Brief von Bischof Binsted vom 27. Oktober 1946 an De los Reyes, worin er über vorbereitende Verhandlungen seinerseits mit dem *Presiding Bishop* der ECUSA über die Annäherung der beiden Kirchen berichtet.

11 Die Aufnahme der IFI durch die multilaterale Ökumene, die durchaus ein Thema in der Korrespondenz von De los Reyes darstellt, kann in diesem Beitrag nur gestreift werden.

12 Denn dies wäre ein anderes Thema, nämlich jenes der Weiterentwicklung der (durchaus auch spannungsvollen) Beziehung zwischen diesen beiden Kirchen. Die erhaltene Korrespondenz aus den Jahren 1961–1965 bezieht sich diesbezüglich vor allem auf Unterstützung der IFI durch die Episkopalkirche und ihre Glieder. Themen, die dabei mehrmals vorkommen sind der Aufbau von Partnerschaften zwischen Kirchgemeinden, die Unterstützung von Seminaristen am St. Andrew's Theological Seminary und der Austausch von Geistlichen. Auch erhält De los Reyes regelmässig Literatur aus den USA und bedenkt seine KorrespondentInnen immer wieder mit kleinen oder grösseren Geschenken (Männern schickt er zu Weihnachten dann und wann z.B. Bier und/oder Zigarren).

13 Vgl. den obigen Beitrag.

Sekretär der Internationalen Bischofskonferenz der Utrechter Union, der Bischof der Christkatholischen Kirche der Schweiz, Prof. Dr. Adolf Küry,[14] zur Teilnahme an der (Neu-)Weihe dreier Bischöfe der *Iglesia Filipina Independiente* eingeladen, deren Gründe und Hintergründe im Folgenden näher ausgeführt werden. Die Weihe fand am 7. April 1948 statt[15] und wurde von

---

14 Zu Adolf Küry (21. Juli 1870, Basel – 26. November 1956, Bern), vgl. z.B. Walter Troxler, 'Küry, Adolf,' *BBKL* IV (1992), 777-778, Hans A. Frei, 'Küry, Adolf,' *Historisches Lexikon der Schweiz* 7 (Basel: Schwabe, 2008), 519. Nach Studien in Bern und Bonn übte Küry eine pfarrämtliche Tätigkeit in Starrkirch und Luzern aus; die Wahl zum Bischof der Christkatholischen Kirche der Schweiz erfolgte 1924, ab dem gleichen Jahr bis 1940 war er Professor für Kirchengeschichte und Kirchenrecht und ab 1933 zusätzlich für Liturgik an der Christkatholisch-theologischen Fakultät der Universität Bern. Von 1925 bis 1955 fungierte er als Sekretär der Internationalen Bischofskonferenz der Utrechter Union.

15 Vgl. IFI Archives (SATS), OM 7.1, 1918–1969, Box 39, Folder 124, wo sich das am 15. Juli 1948 von Bischof Norman S. Binsted ausgestellte Weihezertifikat befindet, worin sich auch die folgende Aussage findet: „The Protestant Episcopal Church in the U.S.A. through the act of Consecration of the three Bishops did not and had no intention of incorporating the Iglesia Filipina Independiente into the Protestant Episcopal Church. The Iglesia Filipina Independiente is today as independent of the Protestant Episcopal Church as it was before the Consecration of the three Bishops. Furthermore, the two Churches are not even in communion one with the other. Before such intercommunion could be recognized a concordat would have to be concluded between the two Churches with the approval of the Governing bodies of each of the two distinct Churches." Die Weihe fand statt aufgrund von Artikel 3 der Verfassung der ECUSA, welche die Weihe von Bischöfen für Kirchen in Übersee regelt. Aus einer Beilage zum Zertifikat geht auch hervor, dass De los Reyes am 29. Januar nach dem Ritus der ECUSA zum Diakon und Priester geweiht wurde. Nicht alle scheinen sich darüber einig gewesen zu sein, was genau vorgegangen war; so schreibt am 30. Januar 1948 Roscoe Jones, San Francisco an De los Reyes und stellt ihm verschiedene Beiträge aus Zeitschriften zu. Er bittet De los Reyes, dazu Stellung zu nehmen und hält fest, dass „The Americans have been authorized since 1787 to confer this authority (sc. to function as bishops, *pbajs*) in concert upon you and others who deserve it, BUT ONLY ON BEHALF OF THE ANGLICAN COMMUNION. When you achieve intercommunion with the Episcopalians, you will at the same time have intercommunion with whole Anglican Communion, the Old Catholic Communion (under Utrecht), and whatever relationship Anglicans enjoy with the Greek Orthodox Communion, and the Church of Sweden. Therefore it is the Anglican Communion and not just the American Anglican bishops who should be thanked for your opportunity to enjoy an AUTHORIZED APOSTOLIC EPISCOPATE through our American Anglican bishops. It was the House of Bishops

drei Bischöfen der US-amerikanischen Episkopalkirche vorgenommen.[16] Anlass der Weihe war die Beseitigung der bis dahin irregulären Form der Ämtersukzession, die die IFI hatte, eine presbyterale Sukzession, die 1902 zustande gekommen war, da keine philippinischen (katholischen) Bischöfe zur Verfügung standen, um Bischofsweihen für die IFI vorzunehmen und diese Nationalkirche nicht mehr auf die Hilfe ausländischer Kirchen und Bischöfe angewiesen sein wollte, wie dies während der spanischen Kolonialherrschaft der Fall gewesen war.[17] Seit dem Zweiten Weltkrieg hatte sich die Haltung der IFI anderen Kirchen gegenüber jedoch stark geändert und entsprechend konnte sie an die Episkopalkirche, die unter Leitung ihres Bischofs Norman S. Binsted in kurzer Zeit zu ihrem wichtigsten, sogar dominanten Partner auf den Philippinen geworden war, die Bitte stellen, ihr die apostolische Sukzession zu verleihen. Isabelo de los Reyes, Jr. schrieb

---

that had the authority and agreed to extend our APOSTOLIC SUCCESSION to your bishops. It was not the General Convention nor the National Council of that convention, which is the ‚Protestant Episcopal Church in the U.S.A.‘ Therefore it surprises me to read of your thanking the ‚Protestant Episcopal Church in the U.S.A.‘ (General Convention or National Council for the action of the House of Bishops of the Anglican Communion in the United States). You might be interested to know that our Missionary District in the Philippines does not use the term ‚Protestant Episcopal Church in the U.S.A.‘ despite the fact that it is an activity of the General Convention, the cooperative of the Anglican Dioceses in the United States, to which the term applies as a sort of a trade-mark. The theory seems to be that the Missionary District is Filipino and Anglican, and only the Americans in the Missionary District are agents of the General Convention of American Anglican dioceses, the cooperative known as the ‚Protestant Episcopal Church in the U.S.A.,‘ to assist the Filipino Anglicans." S. IFI Archives (SATS), OM 1.4, 1946–1960, Box 3a, Folder 7a.

16 Die drei IFI-Bischöfe, die geweiht wurden waren Isabelo de los Reyes, Jr., Manuel Aguilar und Gerardo Bayaca, die Weihe wurde vorgenommen von den folgenden Bischöfen: Norman S. Binsted (Bischof der Philippinen), Robert Franklin Wilner (Suffraganbischof der Philippinen) und Harry Sherbourne Kennedy (Bischof von Honolulu). Vgl. Norman S. Binsted, ‚Statement Concerning the Philippine Independent Church,‘ *Historical Magazine of the Protestant Episcopal Church* 17 (1948), 138-139, s. weiter auch z.B. Mary Doritha Clifford, ‚Iglesia Filipina Independiente: The Revolutionary Church,‘ in: Gerald Anderson (Hrsg.), *Studies in Philippine Church History* (Ithaca: Cornell University Press, 1969), 223-255, 253.

17 Vgl. die Dokumentation in De Achútegui/Bernad, *Revolution* III, 132ff.

dem damaligen *Presiding Bishop* der Episkopalkirche, Bischof Sherrill,[18] am 9. August 1947 Folgendes:

> The Supreme Council of Bishops and the General Assembly of the Iglesia Filipina Independiente in their sessions held respectively August 4th and 5th. 1947, in the city of Manila, with the Rt. Rev. Norman S. Binsted, as our honored guest and valued adviser, have unanimously authorized the undersigned, as Supreme Head of said Church, to prayerfully petition the Protestant Episcopal Church of the United States of America the gift of Apostolic Succession for our Episcopate. To make feasible the granting of the blessing of Apostolic Succession to our Episcopate, the Supreme Council of Bishops and the General Assembly have unanimously passed and adopted the Articles of Faith, Articles of Religion, Constitution and Canons herein attached, and have proclaimed the same as our official doctrines and law.

> Not less than two millions of Filipinos very respectfully join me in this humble invitation to the Protestant Episcopal Church of America to bestow upon us the grace of Apostolic Succession to allow our church to remove all objections to the validity of our sacred orders and the validity of our Sacraments, and to be recognized as a young sister Church by the Anglican Communion of Churches.

> We are earnestly convinced that this decision of our Church to humbly request the Apostolic Succession is a holy inspiration of the Holy Ghost, as it has been consistently one of the highest aspirations of our Episcopate since August 3rd,[19] 1902 when

---

18 Henry Knox Sherrill (Brooklyn, NY, 6. November 1890 – Boxford, MA, 11. Mai 1980). Nach Studien an der Yale University und der Episcopal Theological School, erfolgten 1914, bzw. 1915 seine Diakonats- und Priesterweihen; anschliessend übte Sherrill verschiedene Tätigkeiten im Pfarramt und der Spital- und Militärseelsorge sowie in der Lehre aus; ab 1930 war er Bischof von Massachusetts und im Zeitraum von 1947 bis 1958 der erste hauptamtliche *Presiding Bishop* der Episkopalkirche.

19 De los Reyes erwähnt anderswo den 2. August als das Gründungsdatum seiner Kirche, vgl. De los Reyes – Wayland S. Mandell, 2. Februar 1961, in IFI Archives (SATS), OM 1.4, Jan.–Juli 1961, Box 16, Folder 34, in einem Brief, der Korrekturen zum Manuskript des geplanten Buches von Whittemore enthält. Vgl. für das besagte Buch: Lewis Bliss Whittemore, *Struggle for Freedom. History of the Philippine Independent Church* (Greenwich: SPCK, 1961). – Wayland S. Mandell (Seattle, 16. Juli 1912 – Quezon City, 16. Juni 1975), nach Studien am Whittier College und General Theological Seminary, Diakonats- und Priesterweihe 1938 und 1939; ab 1938 Tätigkeit auf den Philippinen, zuerst als Dozent an der „St. Andrew's Training School in Sagada, Mountain Province", an der er ab 1940 als Leiter fungierte, nach der japanischen Invasion wurde er interniert, setzte aber seine seelsorgerische Tätigkeit unter den anderen Internierten fort. Nach dem Krieg nahm Mandell seine bisherigen Funktionen wieder auf, siedelte das Seminar 1951 nach Quezon City um (nun als „St. Andrew's Theological Seminary") und wurde im gleichen Jahr dessen erster

our Church emancipated itself from the Church of Rome. The Rt. Rev. Normand S. Binsted, Bishop of the Episcopal Church in the Philippines is our attesting witness to the sincerity and earnestness of our appeal to the Episcopal Church of America for the gift and blessing of Apostolic Succession.[20]

Am 7. November des gleichen Jahres bewilligte das „House of Bishops" der Episkopalkirche dieses Gesuch.[21] Sherrill teilte dies De los Reyes folgendermassen mit:

Dekan, ab 1961 amtete er zusätzlich als „executive director" des „joint council" der IFI und der ECUSA auf den Philippinen, welches die Zusammenarbeit (und das Zusammenwachsen) beider Kirchen koordinieren sollte. (Freundliche Information des St. Andrew's Theological Seminary, Quezon City). – Lewis Bliss Whittemore (Hartford, CO, 17. Juni 1885 – Martha's Vineyard, MA, 5. Dezember 1965) arbeitete nach Studien an der Yale University zuerst im Schuldienst auf den Philippinen (als Hauptlehrer von 1907 bis 1910 und von 1910 bis 1912 als Schulleiter der Brent School in Baguio), anschliessend studierte er Theologie an der Episcopal Theological School (Cambridge, MA, Abschluss: 1915). Daraufhin pfarrämtliche Tätigkeit, zuletzt als Pfarrer von Trinity Church (Detroit, 1923–1927) und von Grace Church, Grand Rapids (1927–1936). 1936 wurde er zum Bischof Koadjutor der Diozöse Western Michigan gewählt und trat 1937 die Nachfolge seines Vorgängers, John N. McCormick an. Er blieb Diözesanbischof bis 1953. (Freundliche Information von Rev. Can. William J. Spaid, Diocese of Western Michigan, per Email vom 23. Dezember 2010)

20 IFI Archives (SATS), OM 1.4, Sept. 47, Box 4, Folder 9. Vgl. auch IFI Archives (SATS), OM 1.4, Juni–Aug. 1947, Box 4, Folder 8, De los Reyes informiert durch ein Rundschreiben vom 19. August 1947 einen breiteren Kreis von Betroffenen über die Entscheidungen vom 4. August 1947, die die Annahme der neuen Verfassung und Bekenntnisschriften durch das „Supreme Council of Bishops" und der „General Assembly" der IFI beinhaltet. S. auch in IFI Archives (SATS), OM 1.4, 1946–1960, Box 3a, Folder 7a, Binsted – De los Reyes, 3. September 1947: der Brief vom 9. August ist angekommen, die anfänglichen Reaktionen des *Presiding Bishop* fielen positiv aus.

21 Vgl. ein Telegramm von Bischof Binsted vom 7. November 1947 an De los Reyes: „Delighted to inform you petition approved by overwhelming vote of the house of bishops", IFI Archives (SATS), OM 1.4, Sept. 1947, Box 4, Folder 9. Vgl. in IFI Archives (SATS), OM 1.4, 1946–1960, Box 3a, Folder 7a, De los Reyes – Binsted, 7. November 1947 (Telegramm): „Bishops, priests and two million members of the Philippine Independent Church amidst ringing of bells and general rejoicing thank God Almighty for approval of petition for granting of Episcopal Succession and valid orders."

It is a pleasure to inform you that, under the guidance of the Holy Spirit, the petition requesting the Consecration of your Bishops by Bishops of the Protestant Episcopal Church in the U.S.A., forwarded to me by your Grace under date of August 9, 1947 and presented to the House of Bishops of the Protestant Episcopal Church by the Missionary Bishop of the Philippines at its meeting in the City of Winston-Salem, North Carolina, November fourth to the seventh, was approved and the Presiding Bishop was requested to proceed to work out the details for the conveying of valid orders to the Philippine Independent Church in consultation with the Bishop of the Philippines.

Upon my return to New York I conferred with Bishop Binsted and have decided that it would be proper for the Consecrations to take place in the Philippines. I wish that I might go to the Philippines for the Consecrations; but in as much as in addition to my other duties I must prepare for the forthcoming Lambeth Conference, it will be impossible for me to do so. However, after all the official documents required by the Constitution and Canons of the Protestant Episcopal Church have been filed with me, I am prepared to take orders for the Consecration of your Grace and two other Bishops of your Church, and to appoint the Missionary Bishop of the Philippines, the Right Reverend Norman S. Binsted, D.D. to act for me as Consecrator, together with the Suffragan Bishop of the Philippines, the Right Reverend Robert F. Wilner, D.D. and one other Bishop of our Church from China or elsewhere. After your Grace and two other Bishops of your Church have received Consecration at the hands of our Bishops, you will then be qualified to proceed with the Consecration of such other Bishops of your Church as you may determine.

In giving approval to the petition the House of Bishops imposed no conditions other than those set forth in Article three of the Constitution and Canon forty-three of our Church, it was however understood that the Philippine Independent Church will, as soon as practicable, adopt for use in all its Churches our Book of Common Prayer, after, of course, making such revisions as may be necessary to adapt it for use in the Philippines, and that the Services of your Church will be conducted in a language understanded of the people.

While the Consecration of your Bishops will in no way infringe upon the independence of the Philippine Independent Church, it is my hope and prayer that the two Churches working together for the glory of God and the salvation of His children in the Philippines, may grow in grace and the knowledge of our Lord and Saviour, Jesus Christ, and work together in closest harmony.

I hope that I may have the pleasure of welcoming your Grace as a guest at the General Convention of our Church, which meets in San Francisco in 1949.[22]

---

22   IFI Archives (SATS), OM 1.4, 1946–1960, Box 3a, Folder 7a, Sherrill – De los Reyes, 24. November 1947.

De los Reyes antwortet folgendermassen:

> With utmost gratitude I acknowledge receipt of your letter dated November 24, 1947, informing our Church of the approval by the House of Bishops of the Protestant Episcopal Church of our petition for the gift of Apostolic Succession to our episcopate. We are fully determined to accept all the conditions demanded for the granting of such precious gift and with the advice and counsel of the Rt. Rev. Norman S. Binsted and the Rt. Rev. Robert F. Wilner, we will endeavor to fulfill the requirements about the adoption of the Book of Common Prayer with the necessary adaptations in all our churches. Likewise we will continue as heretofore conducting all our services in the dialects of the various communities as well as in English and Spanish, both official languages in the Philippines.
>
> With the inspiration from the Protestant Episcopal Church, the Independent Church of the Philippines is sure to become one of the most vital moral forces in the spiritual rehabilitation of the people of the Philippines. Most of my people are presently eagerly seeking to learn more and more about the Protestant Episcopal Church. The official organ of the Roman Catholic Church has begun a series of articles full of distortion about our two Churches and about the ultimate results of inter-communion. But we have decided to ignore this campaign of distortion, and to proceed earnestly with our aims. We envision immense blessings and the salvation of countless immortal souls by the action of the House of Bishops, and we are sure that with the splendid advice and wise aid of the Rt. Rev. Binsted, will the Philippines, slowly but surely, develop into a model catholic nation, with the same admirable traits of the type of catholicism so evident in England and the United States.
>
> The problems facing our Churches in the Philippines are tremendous. The Independent Church of the Philippines is not a perfect organisation. It has plenty of shortcomings and deficiencies, and the last war has not increased the spiritual vigor of our people. But we are convinced that the Holy Spirit has kept the Rt. Rev. Binsted in the Philippines as His chosen Apostle to save us from ourselves, and to guide us to a better and clearer understanding of the Lord's religion. I confidently believe that the bestowing of valid orders to our clergy is only the beginning of a new era in the Philippines. We assure your Grace that all of us will exert our best efforts to become worthy of the magnanimity of the Protestant Episcopal Church, and of Rt. Rev. Binsted's sacrifices.
>
> I hope indeed to have the pleasure of attending the General Convention of the Protestant Episcopal Church in San Francisco in 1949.[23]

---

23   IFI Archives (SATS), OM 1.4, 1946–1960, Box 3a, Folder 7a, De los Reyes – Sherrill, 6. Dezember 1947.

Zur Vorbereitung auf die Bischofsweihe bittet De los Reyes im Januar 1948 um die Weihe zum Priester und Diakon, welche er am 29. des gleichen Monats auch erhält;[24] indessen erhält Binsted grünes Licht vom Beratungsgremium seiner Jurisdiktion.[25] De los Reyes schickt dem *Presiding Bishop* die Infor-

---

24 IFI Archives (SATS), OM 1.4, 1946–1960, Box 3a, Folder 7a, De los Reyes – Binsted, 9. Januar 1948: „In preparation for the coming reception of the gift of Apostolic Succession by the Protestant Episcopal Church of America to the episcopate of the Philippine Independent Church, I, as one of the prospective favored recipients of such divine grace, hereby humbly petition for valid orders as Deacon and Presbyter from the Protestant Episcopal Church in the U.S.A. and in support therefore, I submit the following personal data:
1. That I have been baptized according to the Rites of the Roman Catholic Church, in the parish Church of Las Maravillas, in Madrid, capital of Spain, during the month of February of the year 1900, and likewise I have been confirmed according to the same Rites in the Cathedral of Barcelona, Spain, in 1908.
2. That after receiving valid orders as Deacon and Presbyter from the Protestant Episcopal Church in the U.S.A. and as long as I live, I will not knowingly admit to Holy Communion any person who has not been baptized with water in the name of the Father, of the Son and of the Holy Ghost.
3. That I hold and will ever hold the Faith of the Church as contained in the Apostles' Creed and the Nicene Creed.
4. That after I have been ordained as Deacon and Presbyter by your Church, in the ministration of baptism I will unfailingly baptize with water in the name of the Father, of the Son and of the Holy Ghost.
5. That in the celebration of Holy Communion I will invariably use the elements of bread and wine, and, I will include in the service: (a) A Prayer of Consecration, embodying the words and acts of our Lord in the institution of the Sacrament, an Offering, an Invocation of the Holy Spirit and a Thanksgiving; (b) The Lord's Prayer; and, (c) The Apostles' Creed or the Nicene Creed symbol of the faith and unity of the Catholic Church.
I further submit a certification of the Bishop President of the Supreme Council of Bishops of the Philippine Independent Church attesting to my physical, mental, moral and spiritual conditions, and that the Philippine Independent Church consents to such ordination." Das Zertifikat findet sich am gleichen Ort wie auch eine Erstfassung des soeben zitierten Briefes von De los Reyes, welche (*von Binsted?*) korrigiert worden ist; der Korrektor fügte dabei unter anderem jeweils das Wort „Protestant" zu „Episcopal Church" hinzu, welches De los Reyes konsequent auslässt, und die Beschreibung dieser Kirche als „of America" wurde jeweils abgeändert zu „in the U.S.A."
25 Vgl. IFI Archives (SATS), OM 1.4, 1946–1960, Box 3a, Folder 7a, Binsted – De los Reyes, 14. Januar 1948; Binsted hofft, am 28. Januar die entsprechende Bewilligung zu erhalten.

mationen, die ihm laut Kanon 42 seiner Kirche im Falle einer ausländischen Bischofsweihe zugestellt werden müssen.[26] Wie schon erwähnt wurde zu dieser Feier auch der christkatholische Bischof der Schweiz, Adolf Küry, eingeladen. Er kann aber nicht teilnehmen und entschuldigt sich am 21. August 1947 nachträglich aufgrund nicht näher ausgeführter Umstände, die ihm die Reise verunmöglichten, wobei er in seinem Brief zur gleichen Zeit seine Sicht der IFI kundtut:

> I had liked very much to follow this invitation if the circumstances had allowed me to travel. It would have been a especially great opportunity to me because the former bishop, the Rt. Rev. Aglipay, had got in touch with my predecessor the Rt. Rev. Edward Herzog, D.D. But later this relation had been interrupted. I am very glad that through the consecration of the three bishops the Iglesia Filipina Independiente is entering in the apostolic succession and therefore can be recognized as a full member of the One Catholic Church.[27]

Wie De los Reyes die Zeremonie am 7. April erlebt, bezeugt ein Brief an seine Mutter, worin er das Ereignis folgendermassen beschreibt:

> The blessing of apostolic succession has been bestowed upon us this morning amidst most solemn ceremonies. Gral. Emilio Aguinaldo, the Secretary Gallego, and Pres. Roxas represented by the Vice President Quirino, were conspicuous, although the Vice President arrived a little late. The British, American, Australian, Chinese, New Zealand and other Embassies, were fully represented. Almost one hundred and fifty priests, and one dozen bishops of our Church were present together with almost six hundred choiced members of the Church. Mrs. Gregorio Aglipay, Mrs. Jose Avelino, several judges, Representatives and Senators were present. The sermon was delivered by Bishop Robert Franklin Wilner, the same American Bishop that delivered the invocation at the proclamation of our Republic.[28]

Die Grundlage dieses Schrittes der IFI, die Annahme neuer Bekenntnisschriften und einer neuen Verfassung, beinhaltete eine beachtliche Änderung gegenüber dem Kurs des ersten *Obispo Maximo*, Gregorio L. Aglipay, der dem liberalen Christentum, bzw. auch dem Unitarismus, sehr nahe gestanden hatte. Obwohl die grosse Mehrheit diese Kursänderung akzeptierte, die auf Entscheidungen

---

26 Vgl. IFI Archives (SATS), OM 1.4, 1946–1960, Box 3a, Folder 7a, De los Reyes – Sherrill, 31. Januar 1948.

27 Zitiert nach Ramon A. Alipit, ‚The Position of the Philippine Independent Church,‘ *Southeast Asian Journal of Theology* 4 (1962), 32-36, 34.

28 IFI Archives (SATS), OM 1.4, Jan.–Mai 1948, Box 6, Folder 13, De los Reyes – Antonia Marco Rubio, 7. April 1947.

aus dem Jahr 1940 zurückgeht und sich deswegen nicht ausschliesslich direktem anglikanischen Einfluss verdankt,[29] führte sie doch zu internen Streitigkeiten zwischen dem abgesetzten *Obispo Maximo* Fonacier,[30] der die Kursänderung übrigens erst nach seiner Absetzung anzweifelte, und seinen Nachfolgern Juan Jamias und Pedro A. Ramos auf der einen und *Obispo Maximo* De los Reyes, Jr. auf der anderen Seite; zwischen den beiden Parteien wurden somit (mindestens) bis in das Jahr 1955[31] Gerichtsverfahren geführt, die die Zukunft der IFI recht unsicher machten, und die einen roten Faden in der Korrespondenz von De los Reyes zwischen 1947 und 1955 darstellen. Dass sich mit den Entscheidungen von 1940 und 1947/1948 auch aus der Sicht anderer eine Kursänderung der IFI vollzieht, lässt sich auch anhand verschiedener Briefe aus den Jahren 1947 bis 1948 zeigen. In diesen Briefen reagieren Führungspersönlichkeiten aus dem liberalen Christentum auf Briefe von De los Reyes, in denen er ihnen die neue Richtung seiner Kirche mitteilt.[32] Der letzte diesbezügliche Kontakt, mit

---

29 Vgl. z.B. Clifford, ‚Iglesia,' 251, De Achútegui/Bernad, *Revolution* II, 10-12.

30 Santiago S. Fonacier (Laoag, Ilocos Norte, 21. Mai 1885 – Mandaluyong, Metro Manila, 8. Dezember 1977), nach Studien innerhalb der IFI erfolgte 1902 seine Priesterweihe, anschliessend verfolgte er eine Laufbahn als Journalist und Politiker (Parlamentsmitglied 1912–1919, Senator 1919–1925), ab 1933 fungierte er als Bischof von Pangasinan, 1940 erfolgte die Wahl zum *Obispo Maximo*, nach internen Streitigkeiten Absetzung im Jahre 1946.

31 Vgl. *Santiago A. Fonacier, Petitioner, vs. The Court of Appeals and Isabelo de los Reyes Jr., Respondents. G. R. L-5917. Decision, promulgated: Jan. 28, 1955* (Manila: General Printing Press, 1955).

32 Es ist durchaus möglich, dass die Führungspersönlichkeiten das Rundschreiben von De los Reyes vom 19. August 1947 (IFI Archives, SATS, OM 1.4, Juni–Aug. 1947, Box 4, Folder 8) erhielten, denn die Antworten datieren meist nach diesem Datum. Siehe: L.J. van Holk (Sekretär der „International Association for Liberal Christianity and Religious Freedom") – De los Reyes, 29. August 1947; s. am gleichen Ort auch ein Brief vom 5. August 1947 von Benjamin L. Intal, einem Theologiestudenten der IFI, an De los Reyes; Intal teilt mit, dass er nicht länger an der Meadville Theological School (unitarisch, Chicago) studieren möchte, sondern an der Pacific School of Religion (ein protestantisches Seminar), weil er weder Unitarier noch Humanist sei, sondern Christ. Am 30. August 1947 schreibt Edward W. Ohrenstein, Winslow, AZ, USA, der sich als Freund der IFI identifiziert, an De los Reyes und teilt mit, dass er sich auf dem Weg zu einem trinitarischen Glauben und dem Presbyterat in der Episkopalkirche befindet, und fragt, wie die Entwicklungen diesbzüglich in der IFI sind. S. weiter IFI Archives (SATS), OM 1.4, Okt. 1947, Box 5, Folder 10, John Howland Lathrop, New York, NY – De los Reyes, 22. Oktober 1947; Lathrop nimmt den Kurswechsel der IFI zur Kenntnis und respektiert die Entscheidung, weil sie demokratisch

dem hochbetagten, bzw. schon verstorbenen Louis C. Cornish,[33] der eine führende Rolle in den Kontakten der IFI mit dem Unitarismus in den 1930er Jahren erfüllte, datiert aus dem Jahre 1950.[34]

3.1 Weitere altkatholische Kontakte

Aus dieser Zeit der Neuorientierung stammen auch erste Kontakte mit weiteren „altkatholischen" Gruppen, die hier, zusammen mit ähnlichen Kontaktaufnahmen aus der restlichen Zeit, die dieser Beitrag berücksichtigt, kurz dargestellt werden. Am 21. November 1947 zum Beispiel erhält De los Reyes ein Schreiben von Bischof James Christian Crummey vom „St. Willibrord Old Catholic Church House" (Chicago),[35] der De los Reyes zuvor bereits vor einer Schwä-

---

getroffen wurde. S. auch IFI Archives (SATS), OM 1.4, Jan.–Mai 1948, Box 6, Folder 12, Frank A. Moorshead (Briefkopf), bzw. Richard D. Case (Unterschrift) – De los Reyes, 6. Januar 1948; Case verabschiedet sich in diesem Brief mehr oder weniger von der IFI; die American Unitarian Association, in deren Namen er schreibt, wird allerdings ein Freund der IFI bleiben; der Autor ist vor allem froh, dass die IFI sich nicht länger politisch engagiert und besonders, dass sie sich vom Kommunismus distanziert hat. Am gleichen Ort gibt es weiter einen am 15. Januar 1948 datierten ähnlichen Brief von Frederick Eliot May, Cambridge, MA, Präsident der American Unitarian Association an De los Reyes; auch er bestätigt die Freundschaft mit der IFI, trotz deren anglikanischer Neuausrichtung und bestätigt die weitere Beziehung zur „International Association for Liberal Christianity and Religious Freedom."

33 Louis Craig Cornish (New Bedford, MA, 18. April 1870 – Winter Park, FL, 7. Januar 1950), amerikanischer Unitarier, nach Gemeindearbeit in Hingam, MA, und verschiedenen Ämtern in der Verwaltung der US-amerikanischen Unitarier, Vorsitzender der American Unitarian Association (1927–1937), anschliessend Vorsitzender der International Association for Liberal Christianity and Religious Freedom (1937–1946). Cornish war seit den 30er Jahren in Kontakt mit Aglipay gewesen. Vgl. David Robinson, *The Unitarians and the Universalists* (Westport, CO: Greenwood, 1985), 239-240, Mark W. Harris, *Historical Dictionary of Unitarian Universalism* (Lanham: Scarecrow, 2004), 130-131 (s. also 270-272), s. ebenso Frances E.F. Cornish, *Louis Craig Cornish. Interpreter of Life* (Boston: Beacon, 1953) und Louis C. Cornish, *The Philippines Calling* (Philadelphia: Dorrance, 1942).

34 IFI Archives (SATS), OM 1.4, Jan.–Juli 1950, Box 8, Folder 16, Henry Wilder Fox (Bruder der Witwe von Louis C. Cornish) – De los Reyes, 20. Januar 1950. Er bedankt sich für eine Weihnachtskarte, die erst zwei Tage nach dem Tod von Cornish, am 7. Januar 1950, eintraf.

35 In: IFI Archives (SATS), OM 1.4, Nov.–Dez. 1947, Box 5, Folder 11.

chung der Position der IFI in den Augen Roms durch die Akzeptanz anglikanischer Weihen gewarnt hatte.[36] Nun bietet Crummey De los Reyes an, Kontakt zu Bischof Carlos Duarte (Brasilien) herzustellen,[37] einem ehemaligen römisch-katholischen Bischof, der nun selbständig operiert. Der Vorteil einer Bischofsweihe durch Duarte, so Crummey, sei, dass deren Qualität unbestritten wäre, komme sie doch von der Quelle apostolischer Sukzession im Westen her, nämlich von der römisch-katholischen Kirche. Crummey kommt in zwei weiteren Briefen auf dieses Thema zurück und bezieht sich dabei auf frühere Kontakte mit Aglipay.[38] Ein weiterer „altkatholischer Kontakt" kommt 1949 zustande, als Thomas Aefees, der sich als altkatholischer Erzbischof in Budapest bezeichnet, an De los Reyes schreibt, um mehr Informationen über die IFI zu erhalten.[39]

---

36 IFI Archives (SATS), OM 1.4, 1946–1960, Box 3a, Folder 7a, Crummey – De los Reyes, 4. Dezember 1947, „To those who reject the validity of Anglican claims (sc. to apostolic succession, *pbajs*) (and all real Catholics so reject) there is no real Apostolic Succession of Holy Orders to be handed from the hands of Anglican bishops. That is what is overjoying the Romanists – they are working up a ‚field day' of propaganda to undermine your work on that issue alone."

37 Carlos Duarte Costa (Rio de Janeiro, 21. Juli 1888 – Rio de Janeiro, 26. März 1961), römisch-katholischer Priester (Weihe: 4. Mai 1911) und apostolischer Pronotar sowie Generalsekretär der Erzdiozöse Rio de Janeiro. Costa wurde am 4. Juli 1924 zum Bischof von Botucatu ernannt (Weihe: 8. Dezember 1924 durch Sebastian Kardinal Leme da Silveira Cintra). In der Wirtschaftskrise engagierte Costa sich sehr regierungskritisch (inkl. aktiver Beteiligung an der „Constitutionalist Revolution" von 1932 mit einem „Bishops' Bataillon"), (gezwungener) Rücktritt 1937. Nach weiteren politischen Aktivitäten wurde er am 6. Juni 1944 verhaftet (inhaftiert bis zum 6. September 1944) und am 2. Juli 1945 exkommuniziert, worauf Costa die „Brazilian Catholic Apostolic Church" gründete (25. Juli 1945), die er bis zu seinem Tod leitete (Nachruf in der New York Times vom 27. März 1961). Costa vertrat eine (militante) Nationalkirchenekklesiologie, die der Ekklesiologie von Gregorio Aglipay ähnelte, was De los Reyes von seinem Korrespondenten allerdings nicht erfährt.

38 Korrespondenz in: IFI Archives (SATS), OM 1.4, Nov.–Dez. 1947, Box 5, Folder 11, Briefe von Crummey, Chicago – De los Reyes, 21. November 1947, 3. Dezember 1947, 12. Dezember 1947.

39 In: IFI Archives (SATS), OM 1.4, Jan.–Juli 1949, Box 7, Folder 14, Thomas Aeffes („Altkatholischer Erzbischof", Budapest) – De los Reyes, 12. Juni 1949. Kernaussage des Briefes ist: „Schon mehreremale bei verschiedenen Angelegenheiten habe ich von Ihnen gehört. In der letzen Zeiten in der Schweizer kirchliche Zeitschrift / I.K.Z. / habe ich gelesen von Ihre und Manuel N. Aguilars, Gerardo Bayacas Bischófliche consecrazion. Bitte nehmen Sie meine herzlichste gratulazion samt ihre bischófen." Da De los Reyes sich nicht auf Deutsch verständigen konnte, ist zweifelhaft, ob er diesen Brief wirklich je zur Kenntnis genommen hat.

In die gleiche Kategorie gehört ebenfalls eine Kontaktaufnahme von Joh. J. Parrée von der niederländischen „Oosters Apostolisch Episcopale Kerk" im Jahr 1950.[40] Zehn Jahre später meldet sich noch „Thomas Julias Fehérváry, Budapest, Erzbischof-Metropolit, Praesidens Unionis de Budapest", der ebenfalls als unabhängig-katholischer Bischof Beziehungen mit der IFI aufnehmen möchte.[41] Ein weiterer unabhängiger Bischof meldet sich 1961 bei De los Reyes, doch auch diese Beziehung scheint nicht weitergeführt worden zu sein.[42] Es sind ebenfalls Briefe des ehemaligen römisch-katholischen Priesters J.A. von Morgen (NL) erhalten, der in Deutschland altkatholisch wurde und nun als Priester in die Geistlichkeit der IFI aufgenommen werden möchte.[43]

4. Die Neuweihe der Bischöfe der IFI als Ausgangspunkt für weitere ökumenische Kontakte

Die Weihen des Jahres 1948, die Ausdruck der engen Beziehung der IFI zur Episkopalkirche sind, jedoch – zumindest aus Sicht des Hauptkonsekrators – nicht als Zeichen einer (zukünftigen) Vereinigung der Kirchen zu verstehen

---

40   IFI Archives (SATS), OM 1.4, Okt.–15. Nov. 1950, Box 9, Folder 18, Joh. J. Parrée, Amsterdam – De los Reyes, 30. Oktober 1950. Parrée möchte Kontakt haben und bittet um Informationsmaterial.

41   IFI Archives (SATS), OM 18.1, Box 62, Folder 145, Msgr. Thomas Julias Fehérváry, Budapest („Erzbischof-Metropolit, Praesidens Unionis de Budapest") – De los Reyes, 4. Mai 1960.

42   IFI Archives (SATS), OM 1.4, Aug.–Dez. 1961, Box 16, Folder 35 [Der Brief befindet sich am falschen Ort], Luis F. Castillo Mendez (Bischof der Igreja Católica Apostólica Brasileira) – De los Reyes, 18. März 1961 (und 27. April 1961). Castillo Mendez stellt ekklesiologische Ähnlichkeiten zwischen beiden Kirchen fest (i.e. sie sind beide katholisch und unabhängig). Mendez ist Bischof der Brazilian Catholic Apostolic Church von Costa, über die De los Reyes auch schon informiert wurde (vgl. oben, Anm. 37).

43   Vgl. IFI Archives (SATS), OM 18.1, Box 62, Folder 145, 15. Juli 1963, s. auch einen ähnlichen Brief in IFI Archives (SATS), OM 18.1, Box 62, Folder 144. In diesem Kontext lassen sich auch zwei Briefe eines R.A. Wieringa (Den Haag) erwähnen, der sonst nicht zuzuordnen ist; er stellt De los Reyes am 30. Januar 1961 und am 10. April des gleichen Jahres verschiedene Fragen über die IFI (De los Reyes hatte ihm dazwischen geantwortet) und vergleicht sie im positiven Sinne mit der niederländischen altkatholischen Kirche.

sind,[44] stehen im Kontext weiterer ökumenischer Kontakte mit Vertretern eines breiten Spektrums christlicher Kirchen.[45] So gibt es Briefe zwischen De los Reyes und Erzbischof O'Doherty von Manila[46] und dem Kirchen-

44 Vgl. die Dokumentation in IFI Archives (SATS), OM 7.1, 1918–1969, Box 39, Folder 124, sowie oben, S. 59.63. Vgl. auch in IFI Archives (SATS), OM 1.4, 1946–1960, Box 3a, Folder 7a, Binsted – De los Reyes, 10. Februar 1956. Dort bemängelt Binsted in einem Kommentar zu einem Manuskript eines Dr. D.A. McGavran Folgendes: „I think that Dr. McGavran doesn't fully realize 1. The innate loyalty of the Filipino people to Catholic doctrine, discipline and worship when freed from Roman accretions and exemplified through a democratic polity. 2. The slight degree to which Unitarian theology effected the faith of the masses. (Don't you think its appeal to the intellectuals resulted from a revulsion to the obscurantism of Spanish Roman Catholicism, which struck them forcibly when suddenly confronted with modern education, especially as regards the sciences? Was this not a rather natural reaction – the swing of the pendulum from one extreme to the other? To a lesser degree the scientific discoveries of that period similarly effected theological thinking in the West.) (…) If in God's good time it (PIC) enters into Communion with the Anglican family of Churches, it will do so as a fully independent national church."

45 Wobei nicht alle die Bedeutung der neuen Weihen gleich einstuften, vgl. z.B. Arthur L. Carson (Präsident Silliman University) – De los Reyes, 16. Dezember 1947 (IFI Archives [SATS], OM 1.4, 1946–1960, Box 3a, Folder 7a): „I am glad to see the great Filipino Independent Church return to a clear statement of orthodox faith. As I have observed it, the outlook of your Church is liberal and social minded. In essential spirit you will find real kinship with the Unitarian groups. Doctrinally, their position is too vague and shifting to furnish a sound foundation. I believe congratulations are due to those who formulated your present statement of declaration of faith. I am impressed at the balance of the historic Catholic position and the Evangelical emphasis. You cannot please everyone in such a statement. But I believe that you have achieved a sound compromise. As a Protestant layman with Presbyterian connections I am not very much impressed by the need for a literal Apostolic succession. I recognize, however, that the tradition of your Church will call for this and you will be in a stronger position if you can achieve this." Carson erwähnt auch, dass „Christians in the Philippines face a great day of opportunity. Communism is challenging us in the great continent of Asia at our very door. We still have the chance here to find a Christian solution but we shall have to think more fearlessly, act more vigorously, and work together more unitedly."

46 Vgl. z.B. in IFI Archives (SATS), OM 1.4, Okt. 1947, Box 5, Folder 10, ein Schreiben vom 29. Oktober 1947 von Michael J. Cardinal O'Doherty (Charlestown, Irland, 30. Juli 1874 – Manila, Philippinen, 13. Oktober 1949; nach seiner Priesterweihe 1897 war er ab 1911 Bischof von Gibraltar, Zamboanga, und ab 1916 Erzbischof von Manila) an De los Reyes, worin er sich für die Glückwünsche zu seinem goldenen Priesterjubiläum bedankt. In IFI Archives (SATS), OM 1.4, Jan.–Juli 1949, Box 7,

historiker Pedro S. De Achútegui, SJ,[47] der allerdings auch für eine äusserst polemische historische Darstellung der IFI zeichnete.[48] In der Zeit des Abkommens mit der Episkopalkirche und des 2. Vatikanischen Konzils ist die Korrespondenz jedoch sehr freundlich.[49]

Auch die weitere Anglikanische Gemeinschaft nimmt Beziehungen zu De los Reyes auf. So bekommt er im Vorfeld der Bischofsweihen von 1948 auch aus dem Zentrum der Anglikanischen Gemeinschaft signalisiert, dass dies eine gute Sache sei. So schreibt am 10. Februar 1948 Bischof Stephen Neill[50] ihm, dass der Erzbischof von Canterbury, Geoffrey Fisher,[51] sich sehr über

---

Folder 14, gibt es weiter einen Brief vom 29. September 1949 von De los Reyes an O'Doherty mit einer Antwort vom 3. Oktober 1949 worin die beiden Bischöfe herzliche Grüsse austauschen.

47 Pedro S. De Achútegui (Bilbao, Spanien, 1. Mai 1915 – Manila, Philippinen, 28. Dezember 1998), Mitglied des Jesuitenordens ab 1931, Priesterweihe 1944, anschliessend Promotionsstudium in Rom und Lehrtätigkeit an verschiedenen Institutionen auf den Philippinen und anderswo in Südost-Asien. (Informationen vom Provinzialat der Jesuiten in den Philippinen, P.W. Abbott SJ, per Email vom 29. August 2010)

48 Vgl. De Achútegui/ Bernad, *Revolution* I-IV.

49 Vgl. in IFI Archives (SATS), OM 1.4, Juni–Dez. 1962, Box 17, Folder 37, Pedro de Achútegui, Baguio – De los Reyes, 10. August 1962, über das bevorstehende Konzil, sehr vorsichtig, aber voller Hoffnung, sowie (am gleichen Ort) am 22. Oktober 1962 mit folgenden Bemerkungen: „Para cuando le llegue esta carta tal vez haya podido ya leer el juicio que heomos publicado suobre el libro del Obispo Whittemore, ‚Struggle for Freedom'. Aunque ya lo haya visto ud. pienso enviale también un separata. En esta ocasion aprovecho las palabras qu ud. me escribió al enviarme el folleto en su cara de 21 de octubre que acompañaba al folleto: ‚Adjunto le envio un folletito que necesita su indulgencia… Hay que amar a la verdad como hay que amar a Dios.'"

50 Stephen Charles Neill (Edinburgh, 31. Dezember 1900 – Oxford, 20. Juli 1984), nach Studien in Cambridge (Trinity College) Mitglied der Church Missionary Society, 1928 Priesterweihe. Tätigkeit in Indien, Bischof von Tirunelveli ab 1939; nach seinem Rücktritt 1944 Rückkehr nach England, dort Assistent des Erzbischofs von Canterbury. Tätigkeit für den ÖRK 1947–1954, 1962–1967 Professor für Missiologie in Hamburg und 1969–1973 Professor für Philosophie und Religionswissenschaften in Nairobi.

51 Geoffrey Francis Fisher (Highham-on-the-Hill, GB, 5. Mai 1887 – Sherbourne, 15. September 1972), nach Studien am Marlborough und Exeter College (Oxford), Priesterweihe 1913, ab 1914 „Headmaster" der Repton School, ab 1932 Bischof von Chester, ab 1939 von London, Erzbischof von Canterbury von 1945 bis 1961.

die Entwicklungen freue.[52] Nach den Weihen wächst das Interesse für die IFI in der anglikanischen Gemeinschaft dann auch beständig, besonders unter hochkirchlich orientierten Organisationen und Personen in der Episkopalkirche.[53] Zugleich findet De los Reyes den Zugang zur multilateralen Ökumene, wie schon ein Brief aus dem Jahr 1948 von Visser 't Hooft[54] an De los Reyes belegt, worin er für die Gratulation zur Gründung des ÖRK dankt, um mehr

---

52   In: IFI Archives (SATS), OM 1.4, Jan.–Mai 1948, Box 6, Folder 12, Stephen Neill, London – De los Reyes, 10. Februar 1948.

53   Vgl. auch IFI Archives (SATS), OM 1.4, Jan.–Mai 1948, Box 6, Folder 13, Louis A. Haselmayer (Joint Committee on Doctrine of The American Church Union and Clerical Union, ECUSA) – De los Reyes, 20. May, 1948. Haselmayer gratuliert De los Reyes zur Weihe, schickt ihm die Publikation *Lambeth and Unity* und erbittet Zusendung einer IFI Zeitschrift. S. weiter IFI Archives (SATS), OM 1.4, Jan.–Juli 1950, Box 8, Folder 16, A.I. Drake (Holy Cross Press) – De los Reyes, 16. Juni 1950: Drake schickt verschiedene Publikationen, wovon „Priesthood and Sacrifice" namentlich erwähnt wird. Ein engagierter Korrespondent war auch Harry W. Oborn, ein anglokatholischer Laie aus den USA (Colorado Springs, CO), vgl. z.B. die Briefe vom 11. und 16. September sowie 9. Oktober 1950 in IFI Archives (SATS), OM 1.4, Aug.–Sept. 1950, Box 8, Folder 17. Oborn schreibt im Oktober, dass er De los Reyes weiterhin mit Publikationen beliefern wird, damit die IFI wirklich katholisch bleibt, und zwar so wie Oborn katholisch versteht. Vgl. weiter IFI Archives (SATS), OM 1.4, 6. März–Dez. 1951, Box 10, Folder 21, Oborn – De los Reyes, 16. September 1951, verschiedene Informationen, darunter: „I have recently received a very fine periodical from the Catholic Apostolic Evangelical Lusitanian Church of Portugal. It is a small body under the protection of the Church of Ireland (Episcopal) but it seems to hold the true Orthodox Catholic faith. Its sister Church in Spain is in dire straits and is persecuted terribly by the Franco government." S. auch IFI Archives (SATS), OM 1.4, 6. März–Dez. 1951, Box 10, Folder 21, George G. Greenway, Jr. (Student am Nashotah House Theological Seminary, Nashothah, WI) – De los Reyes, 21. Oktober 1951; Greenway möchte als Missionar auf den Philippinen arbeiten und erbittet zur Orientierung einen Korrespondenzpartner vor Ort. Nebst diesen Korrespondenten gibt es eine Reihe anderer Personen, meist Frauen, die De los Reyes Publikationen und andere Zeichen der Unterstützung zukommen lassen. Die kirchliche Orientierung dieser Menschen ist nicht immer klar, aber, vor allem da De los Reyes sehr treu antwortet, sind sie ein wichtiges Indiz für die Vernetzung von De los Reyes mit der Episkopalkirche.

54   Willem A. Visser 't Hooft (Haarlem, Niederlande, 20. September 1900 – Genf, Schweiz, 4. Juli 1985), niederländischer evangelischer Theologe, nach verschiedenen Funktionen in der wachsenden ökumenischen Bewegung (SCM, YMCA, WSCF), ab 1938 Generalsekretär des ÖRKs in Werdung, nach der Gründung 1948 Generalsekretär bis zu seiner Emeritierung 1966; ab 1968 Ehrenpräsident.

Informationen über die IFI bittet und seinen Wunsch für eine engere Beziehung ausspricht.[55] Auch z.b. die „American Bible Society" nimmt in dieser Zeit zum ersten Mal Kontakt mit De los Reyes auf,[56] was 1952 zur Einladung führt, Mitglied des „Advisory Council" der philippinischen Arbeitsstelle der Gesellschaft zu werden.[57] Die „Philippine Federation of Christian Churches" nimmt ebenfalls Kontakt auf und lädt De los Reyes zu einem Treffen im Januar 1950 ein;[58] De los Reyes wird im Laufe dieser Kontakte eingeladen, noch im gleichen Jahr seine Kirche vorzustellen, wohl hinsichtlich einer möglichen Mitgliedschaft.[59] Diese Kontakte intensivieren sich im Laufe der Jahre, aber es würde den hiesigen Rahmen sprengen, alle Belege aufzuführen.

---

55 IFI Archives (SATS), OM 1.4, Jan.–Mai 1948, Box 6, Folder 13, Visser 't Hooft – De los Reyes, 28. September 1948.

56 IFI Archives (SATS), OM 1.4, Jan.–Juli 1949, Box 7, Folder 14, W.H. Fonger (Sekretär der American Bible Society) – De los Reyes, 23. August 1948; Fonger bittet um Informationen über die IFI.

57 IFI Archives (SATS), OM 1.4, 1952, Box 11, Folder 22, Eric M. North (General Secretary der American Bible Society)/Paul A. Collyer (Associate Secretary der American Bible Society) – De los Reyes, 17. Januar 1952, wie auch Fonger – De los Reyes, 28. Januar 1952, mit der gleichen Einladung. De los Reyes akzeptiert und eine erste Sitzung findet im März 1952 statt, vgl. dazu Fonger – De los Reyes, 12. März 1952 (am gleichen Ort). Im Jahre 1959 wurde De los Reyes eingeladen, verantwortlicher Vizepräsident für die Gesellschaft in Asien zu werden. Vgl. IFI Archives (SATS), OM 1.4, 1959, Box 14, Folder 31, William C. Sommerville – De los Reyes, 5. Februar 1959; De los Reyes nimmt die Berufung an, wofür Sommerville sich am 18. Februar 1959 bedankt. Weitere Briefe, die sich auf dieses Amt beziehen, finden sich am gleichen Ort: Oliver Béguin – De los Reyes, 20. März 1959 (Antwort am 25. März 1959; es gibt noch einen weiteren Brief von Béguin über die Aufgaben eines Vizepräsidenten: 1. April 1959) sowie vom Bischof von Bradford, Frederick Donald Coggan (vgl. infra, Anm. 86) an De los Reyes, 19. März 1959.

58 IFI Archives (SATS), OM 1.4, Jan.–Juli 1950, Box 8, Folder 16, Hugh Bousman (Associate Executive Secretary, Philippine Federation of Churches) – De los Reyes, 13. Januar 1950.

59 IFI Archives (SATS), OM 1.4, 16. Nov.–Dez. 1950, Box 9, Folder 19, Juan Nabong (Philippine Federation of Christian Churches) – De los Reyes, 17. November 1950, Einladung für eine Präsentation der IFI am 6. Dezember 1950 (bestätigende Antwort am 24. November 1950). Briefe wie jener in IFI Archives (SATS), OM 1.4, 1954, Box 12, Folder 24, von José L. Valencia („Resident Bishop" der „Manila Area Methodist Church") – De los Reyes, 5. Januar 1954, mit allgemeinen Informationen über die Methodisten in den Philippinen gehören wohl ebenso in den Kontext dieses wachsenden Netzes ökumenischer Beziehungen.

Auch die Kontakte mit dem ÖRK entwickeln sich weiter. So wird De los Reyes im März 1951 eingeladen, an der kommenden Weltkonferenz für Glauben und Kirchenverfassung in Lund teilzunehmen. De los Reyes muss sich jedoch entschuldigen, zu welchem Zweck er von Bischof Binsted einen vorformulierten Brief erhält, der ausdrückt, dass die Aufarbeitung der Schäden des Zweiten Weltkrieges es den Vertretern der IFI nicht ermöglichen, teilzunehmen; sie wollen sich jdeoch über die Episkopalkirche auf dem Laufenden halten lassen und in der Zukunft bestimmt teilnehmen.[60]

Bezeichnend für die Intensivierung der Kontakte mit der Episkopalkirche, besonders mit deren Missionskirche auf den Philippinen, deren Theologen ebenfalls darauf achten, dass die IFI ihren katholischen Charakter behält, wie z.B. Wayland Mandell betont,[61] ist die Teilnahme von De los Reyes an der Weihe von Lyman G. Ogilby[62] als Bischof dieser Jurisdiktion im Jahre 1953.[63] Etwa zur gleichen Zeit erhält auch die Mutterkirche in den USA weitere Unterlagen zur IFI. Ein Mitarbeiter der Episkopalkirche in den USA, Floyd

---

60 IFI Archives (SATS), OM 1.4, 6. März–Dez. 1951, Box 10, Folder 21, Oliver S. Tomkins (Sekretär der Kommission für Glauben und Kirchenverfassung) – De los Reyes, März 1951 (keine genaue Angabe); eine weitere Einladung mit mehr Unterlagen ist auf den 12. Oktober 1951 datiert. De los Reyes erhält in einem Brief vom 12. Dezember 1951 Rat von Bischof Binsted, sowie einen vorformulierten Entschuldigungsbrief.

61 Vgl. z.B. IFI Archives (SATS), OM 1.4, 1954, Box 12, Folder 24, 31. August 1956 Wayland Mandell (Dekan des gemeinsamen Priesterseminars St. Andrew's in Quezon City) – De los Reyes: besonders die Jugendlichen der IFI sollten aufpassen, sich allzu stark für die Philippine Youth Crusades (verbunden mit Youth for Christ) zu engagieren, welche viel zu protestantisch seien und eigentlich nicht mit der katholischen Identität der IFI übereinstimmen.

62 Lyman Cunningham Ogilby (Hartfort, CT, 25. Januar 1922 – Spokane, WA, 6. November 1990), nach Militärdienst (Marine) Theologiestudium an der Episcopal Theological School (Cambridge, MA), Priesterweihe 1950, ab 1960 Bischof auf den Philippinen (Koadjutor bis 1957), ab 1967 Bischof Koadjutor von South Dakota, anschliessend Assistenzbischof (1971–1973), Bischof Koadjutor (1973) und Bischof von Pennsylvania 1974–1987.

63 Vgl. den Dankesbrief von Ogilby in: IFI Archives (SATS), OM 1.4, 1953, Box 11, Folder 23, Ogilby – De los Reyes, 3. März 1953. Es entwickelte sich so eine Tradition, denn am 22. Januar 1959 lud der *Presiding Bishop* der Episkopalkirche (Lichtenberger) De los Reyes ein, als „presenting bishop" an der Weihe von Rev. Benito C. Cabanban als Suffraganbischof des „Missionary District of the Philippines" teilzunehmen, vgl. IFI Archives (SATS), OM 1.4, 1959, Box 14, Folder 31.

W. Tomkins orientiert De los Reyes daraufhin über die Landschaft unabhängiger katholischer Kirchen:

> I wish to express my appreciation and thanks for your kindness in sending me the
> four documents and pamphlets:
>
> The Court's decision of June 27, 1952
> The Brief presented to the Supreme Court in November 1952
> The Constitution of the I.F.I.
> „The Three Pillars." by Juan M. Ruiz.
>
> (...)
>
> You will be interested, I think, to know that in this country also there is an inde-
> pendent Catholic Church, composed of parishes formerly Roman Catholic. It is the
> Polish National Catholic Church of America, with five Bishops and more than 150
> parishes. They obtained the Apostolic Succession through the Old Catholic Church
> of Utrecht. Since 1946 the Episcopal Church has been in full communion with the
> Polish National Catholic Church, and each church has appointed a Committee on
> Intercommunion to guide the new relationship. I am sending the minutes of the first
> two joint meetings of these Committees, from which you will see the lines along
> which we hope to proceed, and indeed have proceeded happily for the last six years.
>
> With them, under separate cover, I am sending you a brief history of the Polish
> National Catholic Church written by one of its priests, Fr. Zielinski, and also two
> pamphlets about the Old Catholic Churches of Europe – the Church of Utrecht,
> whose independence from Rome dates from 1724, and the German, Swiss and Aus-
> trian Old Catholic Churches, which became independent through their rejection of
> the doctrine of papal supremacy following the Vatican Council of 1870.[64]

Der Ausbau weiterer Kontakte und insbesondere die Entwicklung formaler
Abkommen über die kirchliche Gemeinschaft sollten jedoch noch mehrere
Jahre in Anspruch nehmen. Zwei wichtige Themen waren dabei die Anerken-
nung der von De los Reyes geleiteten Kirche als Fortsetzung der von Gregorio
Aglipay geleiteten Kirche und die Festlegung der Liturgie dieser Kirche.

---

64 IFI Archives (SATS), OM 1.4, 1953, Box 11, Folder 23, Floyd W. Tomkins (Advisory
Council to the Presiding Bishop on Ecclesiastical Relations, Episkopalkirche, New
York) – De los Reyes, 24. April 1953.

4.1 Die wahre Fortsetzung der IFI und der Weg zu neuen liturgischen Büchern

Als 1955 der juristische Streit zwischen der IFI und einer anderen Kirche mit dem gleichen Namen unter Leitung von Fonacier und dessen Nachfolgern zu einem Ende kommt, bzw. als die IFI rechtlich als einzige Kirche mit diesem Namen und als formelle Weiterführung der von Aglipay gegründeten Kirche anerkannt wird, sieht der bedeutende anglikanische Ökumeniker C.B. Moss (Kirche von England)[65] die Zeit für die Intensivierung von Kontakten mit weiteren anglikanischen Kirchen gekommen, wie er 1955 an De los Reyes schreibt.[66] Allerdings musste dafür noch ein weiteres Anliegen verwirklicht werden: die Feststellung der Liturgie der IFI, welche Bestandteil der Grundlagen für die Feststellung kirchlicher Gemeinschaft sein sollte. Aus diesem Grund kommt es im gleichen Jahr von der Seite der Episkopalkirche auch zu Initiativen für die Entwicklung eines neuen Gebetsbuches für die IFI, die seit 1947 vorübergehend das Gebetsbuch der Episkopalkirche verwendete.[67] Der Bischof der anglikanischen Jurisdiktion auf den Philippinen, Binsted, schlägt in einem Memorandum Dekan Mandell Folgendes vor:

SOME THOUGHTS ON THE COMPILATION OF THE PIC PRAYER BOOK

1. Care should be taken to see that its contents conform in doctrine to the Articles of Religion already accepted by the P.I.C.
2. That the Prayer Book be kept Catholic in character, avoiding incorporation into it of services peculiar to a single branch of the Catholic Church, such as the Roman.
3. That the various Prayer Books authorized for use by Churches within the Anglican Communion be used as reference material.
4. That any attempt to produce a liturgical novelty be avoided.

---

65   Zu Claude Beaufort Moss (Shrewsbury, 1. August 1888 – Winchester, 12. September 1964), einem führenden anglikanischen Ökumeniker und Theologe der anglokatholischen Überzeugung, s. bes. L.W. Barnard, *C.B. Moss (1888–1964), Defender of the Faith* (London: Mowbray, 1967).

66   Vgl. IFI Archives (SATS), OM 1.4, 1955, Box 12, Folder 27, C.B. Moss – De los Reyes, 3. Mai 1955.

67   S. Harry Ellsworth Chandlee, ‚The Liturgy of the Philippine Independent Church,‘ in: Anderson (Hrsg.), *Studies*, 256-276, bes. 265-266. Für die Gedanken von Bischof Binsted zum Thema, vgl. IFI Archives (SATS), OM 1.4, 1955, Box 12, Folder 27, Binsted – De los Reyes, 18. März 1955, und IFI Archives (SATS), OM 18.1, Box 62, Folder 144, Binsted – Mandell, 27. Juli 1955.

5. That rubrical instruction be not too rigid, but sufficiently flexible to permit variation in ritual, such as the use of incense, chrism, etc. In other words care should be exercised to see that too much importance is not given to secondary matters.

6. It should be kept in mind that the character of the Prayer Book adopted by the P.I.C. will be a determining factor in any future consideration of a concordat between the P.I.C. and the P.E.C. permitting inter-communion, should such a concordat seem desirable.

7. That the Committee appointed to compile the P.I.C. Prayer Book be composed of Bishops and Priests of the P.I.C., who might, if they so desire, enlist the assistance of Bishops and Priests of the P.E.C.

8. After the compilation of a Prayer book, satisfactory to the Obispo Maximo, it should be approved and adopted by the Council of Bishops and the General Assembly of the P.I.C. as the only authorized Prayer Book for public worship within the P.I.C. Its use should be protected by the Constitution and Canons of the P.I.C. (Suggest study of pertinent references in the Constitution and Canons of the P.E.C.)

9. The Obispo Maximo suggested the possibility of enlisting the assistance of Dean Mandell and Fr. Chandlee. I suggested that they should only serve as advisers to the P.I.C. Committee. The reason for this is that the Prayer Book should represent the mind and will of the P.I.C.

Note: Dr. Massey Shepherd, one of the outstanding liturgical authorities of the P.E. Church will be in Manila in July of this year and might be willing to advise the P.I.C. Committee.[68]

Zwei Jahre später kommen die Themen der Erneuerung der Liturgie der IFI und des Abkommens zwischen der IFI und der Episkopalkirche wieder im gleichen Zusammenhang vor, als Bischof Ogilby von De los Reyes zu einer besonderen Sitzung des Bischofsrates der IFI eingeladen wird, an der die neue Liturgie besprochen werden und De los Reyes Vollmacht erteilt werden soll, Verhandlungen mit der Episkopalkirche mit dem Ziel der Feststellung kirchlicher Gemeinschaft zu führen.[69]

Ebenfalls nach und wohl im Zuge der Entscheidung des juristischen Streites zwischen De los Reyes und Fonacier kommt es zu einer Korrespondenz zwischen De los Reyes und römisch-katholischen Theologen und Theologiestudierenden, die sich mit der IFI befassen und entsprechende Informationen

---

68   IFI Archives (SATS), OM 18.1, Box 62, Folder 144, Binsted – Mandell, 27. Juli 1955.
69   Vgl. IFI Archives (SATS), OM 1.4, 1946–1960, Box 3a, Folder 7a, De los Reyes – Ogilby, 23. August 1957.

benötigen.[70] Auch die Kontakte mit dem ÖRK entwickeln sich weiter, wie ein Brief (27. April 1956) des *Presiding Bishop* der Episkopalkirche, Henry Knox Sherrill,[71] an De los Reyes belegt.[72] Im gleichen Jahr informiert sich auch der

---

70   Vgl. IFI Archives (SATS), OM 1.4, 1956, Box 13, Folder 28, Félix Vacas, O.P. (Professor an der Santo Tomas Universität, Manila) – De los Reyes, 28. Februar 1956; Vacas bittet um die Bekenntnisschriften der IFI und Informationen über die Reichweite der Weihen des Jahres 1948 (d.h. wurden nur drei Bischöfe geweiht, oder gaben diese ihre Weihe auch wieder weiter?). Am 22. März 1956 schreibt Vacas erneut und bedankt sich für den Empfang der gewünschten Unterlagen. Am 9. August des gleichen Jahres schreibt Rev. Leonidas Oandasan (Student am Priesterseminar in Manila, verbunden mit der St. Thomas-Universität) an De los Reyes. Er verfasst eine Arbeit über „(The) Development and Progress of the Doctrines and Religious Practices of the Philippine Independent Church" und möchte mehr über das Fonacier-Schisma erfahren. De los Reyes antwortet am 14. August; Oandasan meldet sich wieder am 28. August und schickt De los Reyes einen Fragebogen; einen persönlichen Besuch kann er De los Reyes leider nicht abstatten, die Vorschriften des Priesterseminars untersagen ihm das, obwohl offenbar eine Einladung von De los Reyes vorliegt. In diesem Zusammenhang ist auch der briefliche Austausch zwischen De los Reyes und dem römisch-katholischen Priester Edward DePersio zu sehen, in dem De los Reyes einige kirchenhistorische Fragen beantwortet, allerdings mit einem erstaunlichen Ergebnis, vgl. IFI Archives (SATS), OM 1.4, 1958, Box 14, Folder 30, De los Reyes – Edward DePersio, 6. September 1958: „1) The negotiations between Bishop Aglipay and Archbishop Herzog, and also with Bishop Brent came to a futile and fruitless termination because of the uprising of Governor Simeon Mandac, first Executive Secretary of the Filipino Church against the government. Mandac's rebellion, to avert criminal persecution for murder, gave substantial semblance of truth to the charge of the Roman Catholic authorities that the Aglipay religious movement was a political, pro-independence, revolutionary movement under guise of religious emancipation. 2) Negotiations between Mons. Aglipay and other leaders of the Filipino Church with Mons. Agius, Papal Legate, were proceeding very successfully when the sudden death of the Papal Legate terminated the negotiations. Mons. Aglipay always expressed his suspicions that Mons. Agius had been poisoned by the Spanish friars. Mons. Aglipay never demanded from Mons. Agius that his bishops be recognized as such, he merely favored and demanded that Filipino Catholic Priests be allowed to become bishops through competitive examinations and to administer all the dioceses of the Philippines. 3) All documents in my hands concerning these matters were destroyed during the battle of liberation for Manila with the destruction of our central offices in Taft Avenue."

71   Henry Knox Sherrill, vgl. oben Anm. 18.

72   IFI Archives (SATS), OM 1.4, 1956, Box 13, Folder 28, Henry Knox Sherrill – De los Reyes, 27. April 1956. Sherrill bezieht sich auf ein Gespräch in Honolulu und äussert De los Reyes gegenüber, dass, wie damals besprochen, ein Antrag auf ÖRK-

Erzbischof von Canterbury ausführlicher über die IFI und lässt sich historische Informationen zukommen.[73]

Ein Beleg für Kontakte der IFI mit einem europäischen Altkatholiken liegt erst für das Jahr 1958 wieder vor. Der Herausgeber des „Alt-katholischen Informationsdienstes" (AKID), der Lehrer Wolfgang Krahl, Konstanz (DE), schreibt De los Reyes eine Postkarte (der Predigerkirche in Basel) und teilt ihm Folgendes mit:[74]

> There was published in THE OLD CATHOLIC NEWSPAPER IN GERMANY an article of mine (in two parts) on The Philippine Independent Church, copies of which I send you as printed matter. – As the permanent correspondent, can I receive regularly your newspaper „Register"?

Für das gleiche Jahr liegen Nachfragen aus der Kirche von England vor; der Generalsekretär des „Council on Foreign Relations" der Kirche von England zum Beispiel verlangt von De los Reyes eine Liste der Bischöfe der IFI und eine Bestätigung des Status ihrer Weihe.[75] Etwa gleichzeitig erhält De los Reyes eine erfreuliche Nachricht aus der multilateralen Ökumene: Die IFI wurde am Treffen des Zentralausschusses des ÖRK in Nyborg Strand (Däne-

---

Mitgliedschaft eine gute Idee sei; Bischof Oxham (G. Bromley Oxham [Sonora, CA, 14. August 1891 – White Plains, NY, 12. März 1963], methodistischer Bischof, ab 1936 nacheinander von den Bezirken Omaha, Boston, New York und Washington, zudem einer der Gründungspräsidenten des ÖRK) habe dies inzwischen mit Visser 't Hooft besprochen; Sherrill sichert seine weitere Unterstützung zu.

73 Vgl. IFI Archives (SATS), OM 1.4, 1946–1960, Box 3a, Folder 7a, Binsted – De los Reyes, 7. August 1956 und auch John B. Bentley (Director, Overseas Department, National Council, ECUSA) – Binsted, 1. August 1956.

74 IFI Archives (SATS), OM 1.4, 1958, Box 14, Folder 30, Wolfgang Krahl („Alt-Katholischer Informationsdienst" [AKID], Nordhalden) – De los Reyes, 17. September 1958.

75 IFI Archives (SATS), OM 1.4, 1958, Box 14, Folder 30, John R. – De los Reyes, 22. August 1958; am 1. September des gleichen Jahres bedankt Satterthwaite sich bei De los Reyes für seine Antwort sowie für die Bischofsliste, die „Order of Service for Conveying Apostolic Orders to the Iglesia Filipina Independiente" vom 17. April 1948 und De los Reyes' Rede für die Freimaurer vom 2. August 1953 (es macht durchaus Sinn, dass De los Reyes dieses Dokument auch zustellte, denn der Erzbischof von Canterbury, Fisher, war ein engagierter Freimaurer). S. weiter IFI Archives (SATS), OM 18.1, Box 62, Folder 145: am 13. Mai 1963 bedankt Satterthwaite sich zudem für den Erhalt eines Exemplars der 1952 revidierten Verfassung der IFI zu Händen der Kommission, die sich für die Kirche von England mit der Frage der Feststellung kirchlicher Gemeinschaft mit der IFI befasst.

mark) im August 1958 als Mitglied der ÖRK anerkannt. De los Reyes, der sich auf ähnliche Art und Weise bei seinem „Sponsor" Henry Knox Sherrill bedankt,[76] bringt seine Freude darüber folgendermassen zum Ausdruck:

> I have just wired to all our bishops and priests to hold masses of thanksgiving at all churches and chapels this coming Sunday, and to sing a solemn Te Deum at all our six hundred parish churches. Rest well assured that over two million faithful members of my Church will feel highly honored by the action of the Central Committee, and will strive to make our Church a worthy member of the World Council.[77]

Da auch die Lambethkonferenz 1958 zusammenkam, hat De los Reyes in diesem Jahr nochmals Anlass, einen Dankesbrief zu schreiben, diesmal an den Erzbischof von Canterbury, Geoffrey Fisher:

> On behalf of the Philippine Independent Church, its forty Bishops, six hundred parish priests and two million faithful, I very humbly convey to your Grace our perpetual thanks for the two Resolutions approved by the last Lambeth Conference, and for the gift of one printed copy of the achievements of said Conference where generous and gallant recognition was granted to the Filipino branch of the Catholic and Apostolic Church, which owes the blessing of Apostolic Succession to a daughter Church of the Church of England, the American Protestant Episcopal Church.
>
> Existing within a nation preponderantly Roman Catholic, the Philippine Independent Church, witnessing also the glorious work of the American Protestant Episcopal Church, has increasingly determined to prove worthy of closer relations with the Anglican Communion and to furnish to our people through sacramental life and practice the brand of Christianity attained by the Anglican Communion of Churches. We pray and hope for eventual inter-communion with the American Protestant Episcopal Church and to belong to the Anglican Communion under your Grace. (...)
>
> We hope to finish the printing of the Filipino Book of Common Prayer, already approved by our governing bodies, within the very near future. And we hope that the Book of Common Prayer will be the key that shall open the doors for negotiations towards inter communion with the Church of England and the American Protestant Episcopal Church.[78]

---

76 IFI Archives (SATS), OM 1.4, 1958, Box 14, Folder 30, De los Reyes – Sherrill, 3. September 1958, Sherrill beantwortet den Brief kurz am 10. September 1958.

77 IFI Archives (SATS), OM 1.4, 1958, Box 14, Folder 30, De los Reyes – Visser 't Hooft, 3. September 1958.

78 IFI Archives (SATS), OM 1.4, 1958, Box 14, Folder 30, De los Reyes – Fisher, 14. Oktober 1958.

De los Reyes reagiert damit auf Resolution 53 der Lambethkonferez von 1958, die Folgendes beinhaltet:

> Church Unity and the Church Universal – Philippine Independent Church (Aglipayan):
> The Conference records its pleasure at the vigorous growth of the Philippine Independent Church and welcomes the progress being made in the relations between this Church and the Protestant Episcopal Church in the United States of America since the consecration of three bishops of the Philippine Independent Church by bishops of the Protestant Episcopal Church in the United States of America in 1948. The Conference is gratified to learn that priests of the Philippine Independent Church are receiving their theological training at St Andrew's Theological Seminary in Manila.[79]

Inzwischen wird die Beziehung zwischen der Episkopalkirche und der IFI auch weiter ausgebaut, unter anderem durch finanzielle Unterstützung der Produktion des neuen Gebetsbuches der IFI[80] sowie durch das Verfassen einer historischen Darstellung der IFI durch Bischof Lewis Bliss Whittemore der Episkopalkirche, der im Mai 1959 De los Reyes sein geplantes Buch vorstellt,[81] welches, obwohl es ein Privatprojekt ist, zum Ziel hat, die IFI positiv zu präsentieren; entsprechend fordert Whittemore De los Reyes auf, die rechtliche Position seiner Kirche klar darzustellen.[82]

Dann kommt es am 1. Oktober 1959 zu einem mysteriösen Brief von Wayland S. Mandell an De los Reyes:

> I have consulted Fr. Foster about the letter from the Old Catholics which I am returning. We offer the following comments as suggestions in answering the letter.
>   The proposal of the Old Catholics involves two different things: (1) Intercommunion, such as exists between Anglicans and Old Catholics at present (2) membership in the Old Catholic Communion by adoption of the Declaration of Utrecht (the text is in Moss, Old Catholic Church, pp. 281-2). The Old Catholic Church, like the Anglican, is

---

79 S. R. Coleman (Hrsg.), *Resolutions of the Twelve Lambeth Conferences 1867–1988* (Toronto: Anglican Book Centre, 1992), 131.

80 IFI Archives (SATS), OM 1.4, 1959, Box 14, Folder 31, Ogilby –Bentley, 7. Juli 1959; Information an De los Reyes: Ogilby – De los Reyes, 8. Juli 1959. Vgl. auch den Brief IFI Archives (SATS), OM 1.4, 1959, Box 14, Folder 31, Robert J. Meyer (Finanzverwalter der Episkopalkirche) – De los Reyes, 1. Oktober 1959: es wurden USD 2500,- für den Druck von dem Missale und dem Rituale der IFI eingezahlt.

81 IFI Archives (SATS), OM 1.4, 1959, Box 14, Folder 31, Whittemore – De los Reyes, 23. Mai 1959.

82 Vgl. in IFI Archives (SATS), OM 1.4, 1946–1960, Box 3a, Folder 7a, Whittemore – De los Reyes, 3. Juni 1960, 19. Juni 1960 und 29. Juni 1960.

a series of national and autonomous churches who accept the Declaration of Utrecht. The proposal of the Old Catholics, therefore, is a good deal more than simple inter-communion – it is really a proposal to become a branch of the Old Catholic Church.

It seems to us that the P.I.C. should first consider the question of intercommunion and then, if it wishes, the question of becoming part of some world-wide commu-nion. Regarding intercommunion, the first step is clearly to establish intercommu-nion with the rest of the Catholic Church in the Philippines, i.e. the Anglicans. Intercommunion with the Old Catholics could easily follow. Finally, the P.I.C. may wish to face the question of whether it desires to remain completely independent, or become part of the Anglican Communion or part of the Old Catholic Communion.

We doubt very much if the P.I.C. is prepared at this time to take such a far-rea-ching step as accept the Declaration of Utrecht and join the Old Catholic Commu-nion, and we also doubt the wisdom of such a step at this time.[83]

Es ist unklar, um welches Angebot es sich hier handelt. Bei späteren Kontak-ten zwischen Altkatholiken und der IFI wird auf dieses Angebot kein Bezug genommen. Weitere Angaben lassen sich in den Archiven der IFI wie auch in den Protokollen der Internationalen Bischofskonferenz (IBK), welche über das Angebot eines solchen Abkommens hätte entscheiden müssen, bis dato nicht finden. Auch in der diesbezüglichen Korrespondenz des damaligen Erz-bischofs von Utrecht, Andreas Rinkel, lassen sich bis jetzt keine Spuren eines solchen Vorschlags finden.

Für die IFI stand in diesen Jahren ohnehin die Beziehung zur Episkopal-kirche und damit zur Anglikanischen Gemeinschaft im Vordergrund. Dazu bedurfte es jedoch weiterhin der Festlegung der Liturgie der IFI. Der Weg dorthin war steinig, wie der folgende Brief vom 12. Oktober 1959 von De los Reyes and Chandlee[84] und Foster[85] vermuten lässt:

---

83   IFI Archives (SATS), OM 1.4, 1959, Box 14, Folder 31, Mandell – De los Reyes, 1. Oktober 1959. W. Roland Foster's memo an Mandell findet sich in IFI Archives (SATS), OM 18.1, Box 62, Folder 144.

84   Harry Ellsworth Chandlee (Harrisburg, PA, 6. November 1916 – Quezon City, 8. Dezember 1981), nach Studien am Dickinson College, am General Theological Seminary (BA 1948, STM 1962) und der Universität von Birmingham, wurde er 1948 als Diakon Dozent für Altes Testament und anschliessend für Liturgiewis-senschaft am St. Andrew's Theological Seminary (bis 1981); 1948 erhielt er eben-falls die Priesterweihe. Chandlee war Mitbegründer des Asian Institute of Liturgy and Music. (Freundliche Information von Prof. Dr. Dr. h.c. mult. J. Robert Wright, General Theological Seminary, New York City sowie des St. Andrew's Theological Seminary, Quezon City)

85   W. Roland Foster (nun Guy Walter Roland Foster; Beckley, WV, 4. November 1925 –), Studien am Tusculum College, TN, Union Theological Seminary, NY und

This is to enlist your high scholarship and fraternal cooperation in the right printing of the Filipino Missal & Filipino Ritual of my Church which are under the supervision of a Board of three Bishops, the Rt. revs. Horacio Sta. Maria, Francisco Pagtakhan & Bartolome Remigio. I would be guilty of neglecting my duty if I should fail to beg you both to help in the following tasks:

1) Proof Reading – Father Chandlee to be the 1st Proof Reader & Father Foster 2nd Proof Reader;
2) Checking of all quotations;
3) Checking of errors grammatical, literary, historical, liturgical and rubrical;
4) To prevent that anything be included in the books of anything against the true truth of the Christian Faith or that has not been authorized or approved by the governing bodies of the „Iglesia Filipina Independiente.“

Es handelt sich damit um den Auftrag zu einer gründlichen Revision der bis zu diesem Zeitpunkt vorliegenden Arbeiten. Erst ein Jahr später wagt De los Reyes es, Mitteilung davon zu machen, dass alles nun soweit vorbereitet sei, formell Gemeinschaft mit den anglikanischen Kirchen festzustellen. Dies geht aus seiner Korrespondenz mit dem Erzbischof von Canterbury,[86] weiterhin Geoffrey Fisher, hervor, der ein Telegramm von De los Reyes am 19. Mai 1960 folgendermassen beantwortet:

General Theological Seminary, NY, 1950 Diakonats- und Priesterweihe, anschliessend pfarramtliche Tätigkeit sowie Promotion an der Universität von Edinburgh, 1952–1966 Dozent für Kirchengeschichte und Vize-Dekan am St. Andrew's Theological Seminary, Quezon City, ab 1966 am Nashotah House Theological Seminary, Nashotah, WI, von 1973 bis 1978 Vorsteher des General Theological Seminary. (Informationen von Prof. Dr. Dr. h.c. mult. J. Robert Wright, General Theological Seminary, New York)

86   De los Reyes verfügte ebenfalls über Kontakte mit dem Erzbischof von York, dem ehemaligen Bischof von Bradford (vgl. oben, Anm. 57), Frederick Donald Coggan (Highgate, 9. Oktober 1909 – Winchester, 17. Mai 2000; nach Studien am St. John's College in Cambridge und Lehrtätigkeit in der Semitistik in Manchester, 1935 Priesterweihe, weitere Lehrtätigkeit in Toronto (Wycliffe College) und ab 1937 Vorsteher der „London School of Divinity" bis zur Ernennung zum Bischof von Bradford 1956, anschliessend war er Erzbischof von York (1965–1974) und Erzbischof von Canterbury (1974–1980). Coggan besuchte De los Reyes 1963, vgl. Coggan – De los Reyes, 7. Juni 1963, IFI Archives (SATS), OM 18.1, Box 62, Folder 145. De los Reyes würde im Rahmen des „Wider Episcopal Fellowship" 1964 einen Gegenbesuch abstatten. vgl. in IFI Archives (SATS), OM 1.4., Aug. 1963–März 1964, Box 19, Coggan – De los Reyes, 14. Februar 1964.

Your cablegram with the glad news that the Philippine Independent Church were ready to enter into full Communion with all the Anglican Churches, filled my heart with profound thankfulness to Almighty God. He works out His purpose steadily, and this is a great step forward for the whole Church of Christ throughout the world from which will flow many blessings. I was able to read your cable gram at the Convocation of Canterbury which was in session at that time, and it was received with deep appreciation.

No doubt, with Bishop Ogilby, you will now work out agreed terms on which full Communion can be established between your own Church and the Episcopal Church of the United States: when that step is taken, I hope that you will inform me, so that I can invite the Church of England to follow in the footsteps of the Episcopal Church of the United States. No doubt the Presiding Bishop will also communicate with all the Provinces of the Anglican Communion inviting them to do alike, and I know that Bishop Bayne is eager to do whatever is needed to see all this fulfilled.[87]

Auch Wolfgang Krahl nimmt in dieser Zeit seine Korrespondenz mit De los Reyes wieder auf und berichtet, wie er einen anglikanischen Beitrag über die IFI auf Deutsch veröffentlicht hat:

I have the pleasure in enclosing a sheet from the OLD CATHOLIC INTERNATIO-NAL INFORMATION SERVICE (AKID), German issue of June 15, 1960, where there was published a translation of an article on Gregorio Aglipay written by the Rt. Rev. Stephen F. Bayne, inter-Anglican Executive Officer, in THE CHURCH TIMES (England, April 29, 1960) and THE LIVING CHURCH (U.S.A., May 8, 1960). AKID is sent to the Old Catholic press and Church authorities in Europe as well as others. If you have any person in your office knowing German I should be glad to send you regularly the monthly German issue of AKID or I should send you an occasional service in English which gives, however, only important news on the Old Catholic Churches in Central Europe, while the German issue gives information on all the autonomous Catholic Churches and movements in the world.

Thank you very much that I regularly receive your newspaper THE CHRISTIAN REGISTER. I can assure you that all important news on the Philippine Independent Church have been published in the AKID. Thank you very much, too, for the CONSTITUTION of your Church I got some time ago. (Beilage: eine kopierte Seite aus der AKID vom 15.6.1960)[88]

---

87 IFI Archives (SATS), OM 1.4, Jan.–Juli 1960, Box 15, Folder 32, Fisher – De los Reyes, 19. Mai 1960.

88 IFI Archives (SATS), OM 1.4, Jan.–Juli 1960, Box 15, Folder 32, Krahl – De los Reyes, 18. Juni (*Schrift undeutlich*), 1960.

Als dann das neue Missale der IFI, das *Filipino Missal*, Anfang 1961 erscheint,[89] verschickt De los Reyes mehrere Exemplare des soeben gedruckten Buches an ein breites Spektrum seiner ökumenischen Kontakte, besonders im anglikanischen Bereich. Er erhält entsprechende Dankesbriefe.[90] Zur gleichen Zeit arbeitet Bischof Whittemore weiter an seinem Buch über die IFI, welches der Feststellung kirchlicher Gemeinschaft zwischen der IFI und der Episkopalkirche ebenfalls dienlich sein soll. Zu seinem Projekt erhält er via Dekan Mandell vom St. Andrew's Theological Seminary, Quezon City, von De los Reyes Rückmeldungen.[91]

---

89   The Supreme Council of Bishops of the IFI (SCB), *The Filipino Missal (Book of Divine Office). The Liturgy for Holy Mass According to the Use of the Iglesia Filipina Independiente. Including the Pontifical, Ordinal and Articles of Religion* (Manila, 1961). Das Rituale erscheint später im gleichen Jahr: The Supreme Council of Bishops (SCB), *The Filipino Ritual* (Manila, 1961).

90   Vgl. z.B. IFI Archives (SATS), OM 1.4, Jan.–Juli 1961, Box 16, Folder 34: 25. Januar 1961, [Walter Henry Gray,] Bischof von Connecticut – De los Reyes; Whittemore – De los Reyes, 7. Februar 1961.

91   Vgl. IFI Archives (SATS), OM 1.4, Jan.–Juli 1961, Box 16, Folder 34, De los Reyes – Mandell, 2. Februar 1961; De los Reyes schlägt unter anderem die folgenden bemerkenswerten Korrekturen vor: „(2) The proclamation of the I.F.I. took place on August 2nd because that is what my father used to tell us, and also I have read an affectionate letter from him to my mother at the time in Ferrol, Spain, revealing that he had chosen August 2nd, because that was her Saint's Day, the Blessed Virgin Mary, Queen of the Angels. The screaming newspaper headlines came out on August 3rd. (3) Despite the assertions of the „Concise Catholic Encyclopedia" with the Imprimatur of Cardinal Spellman, no appeal was ever raised by the Filipino church to the Supreme Court of the United States due to our meager funds. Of this I am positive, and naturally the Supreme Court of the United States has never promulgated any decision about the I.F.I. (4) During Aglipay's lifetime I never heard from him nor from anyone the slightest mention of the meeting allegedly held at Kollablen or something like that, a barrio of Pinili, Ilokos Norte. And I feel certain such meeting is a piece of fiction fabricated by Fonacier's imagination to give himself importance and twist history. Bacarra was the meeting place of the Aglipayan clergy and leaders during those years of 1902 forward till 1903 when Batac became the meeting place as the hometown of Aglipay. After 1909 the meeting place was Kilang, Galimuyod, Ilokos Sur. (5) Aglipay always insisted that the Jesuits at Sta. Ana, Manila, had promised him a great amount of money if he would not join the I.F.I. in 1902."

4.2 Das IFI – ECUSA – Abkommen als Katalysator[92]

Die formelle Anfrage um kirchliche Gemeinschaft der IFI mit der Episkopal-kirche erfolgt aufgrund einer Resolution des „Supreme Council of Bishops" vom 8. Mai 1960, der die Generalsynode („General Assembly") der IFI mit folgendem Wortlaut zustimmt:

> Resolved that the Supreme Council of Bishops of the *Iglesia Filipina Independiente* propose that a relationship of full communion be established between the two Chur-ches and approve the following statement based upon the Bonn Agreement between the Old Catholic Churches and the Churches of the Anglican Communion, as a definition of this relationship and agree to the establishment of full communion on this basis: (1) Each Communion recognizes the Catholicity and independence of the other and maintains its own; (2) Each communion agrees to admit members of the other Communion to participate in the Sacraments; (3) Full Communion does not require from either Communion the acceptance of all doctrinal opinion, sacramen-tal devotion, or liturgical practice characteristic of the other, but implies that each believes the other to hold all the essentials of the Christian faith.[93]

Die gleichen Versammlungen approbierten auch die neuen liturgischen Bücher der IFI, das *Filipino Missal* und das *Filipino Ritual* und passten die Verfassung der Kirche leicht an.[94] Somit ist, zumindest in den Augen des ersten „Generalsekretärs" der anglikanischen Gemeinschaft, Bischof Stephen Bayne,[95] der Weg für ein gross angelegtes ökumenisches Projekt frei, denn,

---

92 Vgl. für eine allgemeine Skizze, z.B. De Achútegui/Bernad, *Revolution* II, 167-195 sowie Whittemore, *Struggle*, 199-216.

93 Vgl. für den Text: Whittemore, *Struggle* 200-202. S. in IFI Archives (SATS), OM 1.4, 1946–1960, Box 3a, Folder 7a, Lichtenberger – De los Reyes, 31. Mai 1960; es handelt sich hier um eine formelle Bestätigung des Telegramms von De los Reyes, worin die Entscheidungen der Generalsynode der IFI mitgeteilt werden.

94 Vgl. zur Entwicklung der Liturgie der IFI im Allgemeinen: Chandlee, ‚Liturgy,' *passim*.

95 Stephen Fielding Bayne (11. Mai 1908 – 18. Januar 1978), nach Studien am Amherst College und am General Theological Seminary, Weihe zum Diakon und Priester 1932 bzw. 1933, Pfarrdienst in verschiedenen Gemeinden, von 1947 bis 1959 Bischof von Olympia, anschliessend 1960–1964 erster „Executive Officer of the Advisory Council on missionary strategy, the Consultative Body of the Lambeth Conference" und 1964–1968 Vorsteher des „Overseas Department" der Episkopalkirche, zuletzt 1970–1973 Professor für Missionswissenschaft (zusätzlich Dekan, 1972–1973) am General Theological Seminary. Vgl. Donald S. Armentrout/Robert B. Slocum, *An Episcopal Dictionary of the Church* (New York: Church House, 2000), 40.

sobald dieser von den Schritten der IFI erfahren hat, schreibt er De los Reyes folgendermassen:

All that remains now is to take the detailed procedural steps as swiftly as we can. Initially I suppose your first relationship must be with Bishop Lichtenberger and our American bishops. We will be prepared of course to take action of some sort at the next Meeting of the House of Bishops; I myself would hope that we could conclude the whole matter, as far as the American Church is concerned, at the next Bishops' Meeting in November, with perhaps a formal ratification of all this by the General Convention of Detroit in 1961. But Bishop Lichtenberger will doubtlessly write you about all these matters. My part in it is, as you know, to see to it that the intercommunion established with the Episcopal Church in the first instance becomes as once a fact throughout our whole Anglican Communion. Probably what we shall want to do will be to take whatever concordat is established between the American Church and your own and simply ask each Anglican Church to ratify it. Of course they will do this with warm pleasure and it is little more than a formality now.[96]

Tatsächlich wurden die Entscheidungen der IFI von der Seite der Episkopalkirche positiv aufgenommen, wie es ihr *Presiding Bishop* (inzwischen Arthur C. Lichtenberger)[97] auch erwartet hatte,[98] denn im November 1960 stimmt das „House of Bishops" der Episkopalkirche dem Vorstoss der IFI zu, wie es sein Präsident De los Reyes persönlich mitteilt.[99] Im Januar 1961 macht die Generalsynode der Episkopalkirche auf den Philippinen dann den folgenden Vorschlag zu Händen der „General Convention" der Episkopalkirche:

---

96 IFI Archives (SATS), OM 1.4, 1946–1960, Box 3a, Folder 7a, Bayne – De los Reyes, 13. Mai 1960.

97 Oshkosh, WI, 8. Januar 1900 – Bethel, VT, 3. September 1968; Ausbildung am Kenyon College, Episcopal Theological School (Cambridge, MA) und General Theologial Seminary (New York, NY), Diakonats- und Priesterweihe 1925 und 1926; nach verschiedenen Tätigkeiten als Hochschullehrer und Pfarrer war er Bischof von Missouri (1952–1959) und *Presiding Bishop* (1958–1964).

98 Vgl. IFI Archives (SATS), OM 1.4, 1946–1960, Box 3a, Folder 7a, Lichtenberger – De los Reyes, 20. Juni 1960: Lichtenberger dankt für das Zustellen der kanonischen und konfessionellen Grundlagen der IFI und merkt über die bevorstehenden Entscheidungen der synodalen Gremien seiner Kirche an: „I have every confidence that the Resolution from the Philippine Independent Church will be enthusiastically received and accepted."

99 IFI Archives (SATS), OM 1.4, 1946–1960, Box 3a, Folder 7a, Lichtenberger – De los Reyes (Telegramm), 16. November 1960: „Proposal for concordat favorably received by House."

that this Convocation, while recognizing that problems of considerable magnitude may be involved in working out the principles of the Concordat in the local scene; and while recognizing the existence in both Churches of diversities of cultural interests and traditions; but also recognizing the claims of Christian charity upon us all growing out of our Lord's will and purpose for His Church; and recognizing the opportunity set before us and the obligation placed upon us now and in the future to strengthen the two Churches in their witness to the Gospel of Christ; recommends to the 60th General Convention of the Protestant Episcopal Church in the United States of America, to be held in Detroit, Michigan, that this Concordat be entered into.[100]

De los Reyes teilt diese Entwicklungen verschiedenen Korrespondenzpartnern, besonders Bischöfen, mit, vor allem auch den *Primates* der anglikanischen Gemeinschaft. Dies geschieht mit dem gleichen Versand, womit er das neue Missale der IFI distribuiert,[101] welches für die Feststellung kirchlicher Gemein-

---

100 Vgl. Whittemore, *Struggle*, 202.

101 Vgl. u.a. IFI Archives (SATS), OM 1.4, Jan.–Juli 1961, Box 16, Folder 34, De los Reyes – H.H. Clark (Erzbischof von Rupert's Land und Primas der „Anglican Church in Canada"), 17. März 1961 (Antwort: 5. April 1961); De los Reyes – Leonard James Beecher (Primas der Church of the Province of East Africa), 17. März 1961 (Antwort: 24. März 1963); auch der Primas der Church of the West-Indies, Alan John Knight, Bischof von Guiana und Erzbischof der „West-Indies", bestätigt den Empfang eines solchen Schreibens am 27. März 1961, wie auch der Erzbischof von Cape Town (Primas der Church of the Province of Southern Africa); s. weiter, IFI Archives (SATS), OM 1.4, Aug.–Dez. 1961, Box 16, Folder 35, G.O. Simms (Erzbischof von Dublin) – De los Reyes, 3. August 1961, und Bischof-electus Luis C.R. Pereira der Lusitanischen Kirche Portugals – De los Reyes,16. August 1961, der sich folgendermassen bedankt: „Thank you so much for your letter of March 17th and the Missal and the Ritual of your Church which have just arrived. We rejoice at the Concordat of full communion that is about to be entered upon between your Church and the American Episcopal Church. We are glad to be able to tell Your Grace that the Lusitanian Church is about to do the same thing. Until now, being a small Church, we have had a provisional Council of bishops formed by Irish Anglican Bishops. I must say, we have a great debt towards the Church of Ireland, as since our restoration as an independent branch of the Holy Catholic Church, and until we had a Bishop of our own, all episcopal ministrations were carried out by Irish Bishops. Now, following Lambeth's leading towards a greater Episcopal fellowship, we are planning a wider episcopal council which would include not merely representatives of the Anglican Communion but also those of other Catholic bodies as the Old Catholic Communion, the Spanish Reformed Episcopal Church and the Iglesia Católica Filipina Independiente. At the last meeting of the Standing Committee of the Synod, it was decided that I should approach Your Grace on the subject. So, I would very

schaft wesentlich war.[102] Mitte 1961 stellt auch Bischof Whittemore sein Buch über die IFI fertig und teilt De los Reyes mit, dass der *Presiding Bischop* der Episkopalkirche, Lichtenberger, sämtlichen Bischöfen dieser Kirche und der IFI ein Exemplar zustellen und weitere 200-300 Exemplare für die Philippinen subventionieren wird.[103] So tritt die IFI mehr und mehr in Kontakt mit den Kirchen der Anglikanischen Gemeinschaft, nun auch die Episkopalkirche und die Kirche von England hinaus. Dazu passt, dass die IFI von Bayne als „Generalsekretär" der anglikanischen Gemeinschaft eingeladen wird, am ersten Treffen der „Wider Episcopal Fellowship"[104] teilzunehmen, eine Initiative der Lam-

---

much appreciate a word from you about this. Quoting Bishop Bayne, with whom we had a long conversation on the subject, this Council of Bishops would be not merely a court of appeal for the Lusitanian Church but rather a college and brotherhood of bishops." Am gleichen Ort befindet sich zudem ein Schreiben vom 29. August 1968 von William James Hughes, Primas der Province of Central Africa, der sich für die Bücher und Mitteilung des vorgeschlagenen Abkommens mit der Episkopalkirche bedankt, wie auch, mit analogem Inhalt: Alfred Edwin Morris (Bischof von Monmouth und Erzbischof von Wales) – De los Reyes, 2. Oktober 1961. Eine Vielzahl von Briefen, die den Erhalt des *Filipino Missal* bestätigen, treffen 1962 bei De los Reyes ein, vgl. die Dokumentation in: IFI Archives (SATS), OM 18.1, Box 62, Folder 145, s. am gleichen Ort auch der Brief vom 16. September 1963 des Erzbischofs von Capetown, Joost de Blank – De los Reyes: „Nothing would give me greater joy than the ratification of a Concordat between the Philippine Independent Church and the Church of the Province of South Africa. I am sure that such a Concordat would be a tremendous strength to both our Churches, and I shall accordingly discuss it with my fellow Bishops when we meet in Synod later this year."

102 Vgl. z.B. IFI Archives (SATS), OM 1.4, 1946–1960, Box 3a, Folder 7a, Ogilby – De los Reyes, 12. Mai 1960, Ogilby dankt für die „Resolutions passed by the Supreme Council of Bishops and the General Assembly of the Philippine Independent Church pertaining to the concordat of full communion", bemerkt dann jedoch, dass „you will surely understand that our Presiding Bishop at this time can only be expected to give these resolutions preliminary study as he does not yet have all the documents as evidence of the standards of doctrine, discipline, and worship of the Iglesia Filipina Independiente, which are cited in the resolutions, namely the Filipino Missal and Filipino Ritual."

103 IFI Archives (SATS), OM 1.4, 1961, Box 16, Folder 34, Whittemore – De los Reyes, 17. Juni 1961.

104 Die ‚Wider Episcopal Fellowship' enstand aufgrund einer Resolution der Lambethkonferenz von 1958, welche eine frühere Resolution der Lambethkonferenz des Jahres 1948 bestätigte. Vgl. Lambeth Conference, *The Lambeth Conference 1948. The Encyclical Letter from the Bishops; together with Resolutions and Reports* (London: SPCK, 1948), 78-79 (part II); Lambeth Conference, *Lambeth Conference*

bethkonferenz von 1958 (aufbauend auf einem Vorstoss aus dem Jahre 1948), die Bayne folgendermassen beschreibt:[105]

I write about the preliminary consultation on the „Wider Episcopal Fellowship", planned during the WCC Assembly at New Delhi. (…) Those who will be representing their churches are, I believe, the Rev. Leon Gauthier (Old Catholic), Bishop Gulin of Tampere (Church of Finland), Archbishop Hultgren (Church of Sweden), Bishop Molina (Spanish Reformed Episcopal Church), Dr. Pereira (Bishop-elect of the Lusitanian Church of Portugal), Bishop Sumitra (Moderator of the Church of South India). In addition there will be an episcopal representative of the Philippine Independent Church.

On the Anglican side, the members will be the Archbishops of Canterbury and York, the Presiding Bishop of the Episcopal Church (USA), Archbishop Wright of Algoma (Canada), Bishop Allison of Chelmsford (England), Bishop de Mel of Kuranagala (Church of India, Pakistan, Burma and Ceylon), and Bishop Cabanban (Suffragan bishop of the Philippines). In addition, a few others will be included, such as myself.

There need be no elaborate agenda for such a brief and informal meeting. What will be in our minds, I'm sure, will be a wish to think about the nature of this fellowship into which we are drawn, through the relationships of full communion or

---

1958. The Encyclical Letter from the Bishops together with the Resolutions and Reports (London: SPCK/New York: Seabury, 1958), 1.35, vgl. auch: James B. Simpson/Edward M. Story, *The Long Shadows of Lambeth X* (New York: McGraw-Hill, 1969), 241-244. 1978 scheint die „Wider Episcopal Fellowship" ihr Ende gefunden zu haben, vgl. Resolution 14 der Lambethkonferenz jenes Jahres: Lambeth Conference, *The Report of the Lambeth Conference 1978* (London: CIO Publishing, 1978), 42, worin die Entscheidung festgehalten wird, ehemalige Mitglieder der „Fellowship" mehr in die Lambethkonferenz selber zu integrieren. Das erste Treffen der „Fellowship" fand in St. Augustine's, Canterbury, vom 13.–17. April 1964 statt, mit Teilnehmern von „the Anglican Churches, the Church of Finland, the Spanish Reformed Episcopal Church, the Lusitanian Church of Portugal, the Mar Thoma Syrian Church, the Old Catholic Churches, the Philippine Independent Catholic Church, the Polish National Catholic Church of America, the Church of South India, and the Church of Sweden." S. Lambeth Conference, *The Lambeth Conference 1968, Resolutions and Reports* (London: SPCK/New York: Seabury, 1968), 147. Diese Dokumentation wurde von Prof. Urs von Arx, Liebefeld, zur Verfügung gestellt. (Email vom 8. November 2007)

105 IFI Archives (SATS), OM 1.4, Aug.–Dez. 1961, Box 16, Folder 35, Bayne – De los Reyes, 8. September 1961. S. auch IFI Archives (SATS), OM 1.4, 1961–1965, Box 3a, Folder 7b, Gibson – De los Reyes, 2. Juni 1963. Gibson betont, wie wichtig die Anwesenheit von De los Reyes bei der „Wider Episcopal Fellowship" sei und garantiert die Übernahme der Reisekosten.

inter-communion which prevail among us, and about ways in which it ought or can be widened, enriched and fulfilled. Particularly, we shall want to consider the possibility and desirability of a full conference of this fellowship at some future date.

Die breitgefächerten Bemühungen verschiedener Seiten, die zur Formulierung der neuen Verfassung und ihrer neuen Bekenntnisschriften, ihrer Anerkennung als Nachfolgerin der Kirche Aglipays, der Abfassung neuer liturgischer Bücher, und ihrer Geschichte (Whittemore) führten,[106] sowie das „Networking" verschiedener Ökumeniker, wovon nebst den Bischöfen Whittemore und Bayne vor allem auch Bischof Gibson von Virginia[107] sowie die Bischöfe und Theologen der Episkopalkirche auf den Philippinen (die Bischöfe Binsted und Ogilby und die Theologen Mandell, Foster und Chandlee) zu erwähnen sind, führen schliesslich am 22. September 1961, am siebten Tag der „General Convention" der Episkopalkirche, zur Feststellung kirchlicher Gemeinschaft zwischen der IFI und der US-amerikanischen Episkopalkirche. Dies wurde, wie der Erzbischof von Canterbury, Fisher, bereits andeutete, tatsächlich als ein erster Schritt zur Gemeinschaft mit sämtlichen Kirchen der Anglikanischen Gemeinschaft gesehen und, wie aus der Korrespondenz hervorgeht, sprachen Bayne und De los Reyes ein entsprechendes Vorgehen

---

106 Es gab aber auch verschiedene weitere Publikationen, vgl. z.B. in IFI Archives (SATS), OM 1.4, 1946–1960, Box 3a, Folder 7a, die Mitteilung von George F. Tittmann (editor, Overseas Mission Review [Lake Forest, IL]) – De los Reyes, 26. Mai, 1960, mit der Mitteilung, dass die nächste Ausgabe seiner Zeitschrift die IFI zum Thema haben wird.

107 Robert Fisher Gibson, Jr. (Williamport, PA, 22. November 1906 – Richmond, VA, 21. September 1990), nach Studien an der „University of the South" und dem Virginia Theological Seminary, 1940 Diakonats- und Priesterweihe, anschliessend pfarramtliche und wissenschaftliche Tätigkeit als Dozent für Kirchengeschichte am Virginia Theological Seminary und 1949–1954 als Suffraganbischof sowie ab 1954 als Koadjutorbischof der Diozöse Virginia bis 1961 der Amtsantritt als Diözesanbischof erfolgte (Rücktritt 1974). Gibson, unter anderem Mitglied des „Concordat Council", welches die Zusammenarbeit der beiden Kirchen auf den Philippinen koordinierte, gehört zu einem der langjährigsten und aktivsten Korrespondenten von De los Reyes; da die Korrespondenz sich aber weitgehend auf praktische Fragen bezieht, wird sie hier nur in relativ kleinen Auszügen berücksichtigt. S. *Episcopal Clerical Directory* (New York: Church Hymnal Corporation, 1989), 270-271, weiter *Virginia Episcopalian* 99:5 (November 1990), 10-12. Diese Informationen sind eine freundliche Mitteilung von Frau Julia E. Randle, Payne Library, Virginia Theological Seminary.

ab. So schreibt Bayne De los Reyes Tage nach der Entscheidung der „General Assembly" Folgendes:

> You ask me what our next steps should be. I think there are two kinds of steps to be thought about. First, there is the matter of establishing similar Concordats or other agreements for full communion with the church of our Anglican family. Second, there is the matter of whatever relationships you want to propose to other churches, such as the Old Catholic Churches, which are technically outside the Anglican family but yet are in closest touch with us.
>
> As for the first, I think the best procedure would be for you to write me an official letter, telling me of the wish of you and your Church to enter into full communion with all of the churches of the Anglican Communion. In this letter you could quite properly ask me to be your messenger in opening whatever negotiations were needed. I could then write to each of the Primates concerned, enclosing a copy of your letter to me and at the same time sending them the full outline of the Concordat now concluded between your Church and the American Church.
>
> I would suggest to them that they respond directly to you, indicating what actions might be needed in order that full communion be established. In some matters, I think, the procedure would be a very simple matter. In orders – especially in the larger churches of the Anglican Communion – I imagine that something like the same process as was true in the case of the American Church, would be needed. But of all of these things we can write when the time comes. The only immediate matter would be the official request from you to me to go ahead.
>
> With respect to the Wider Episcopal Fellowship – the Old Catholic Churches, the Polish National Church, etc., – I probably would not be directly involved. Probably it would be appropriate and wisest for you to write direct to the Archbishop of Utrecht, who is the Primate of the Old Catholic Churches. But perhaps we can write or talk about this – I should think that this matter might well be left until after the negotiations had been begun with the rest of our Anglican household.[108]

Diesem Vorschlag entsprechend ernennt die IFI Bayne zu ihrem Bevollmächtigten in dieser Angelegenheit,[109] und er verschickt Anfang des Jahres 1962 den folgenden Brief an sämtliche Provinzen der anglikanischen Gemeinschaft:

---

108 IFI Archives (SATS), OM 1.4, 1961–1965, Box 3a, Folder 7b, Bayne – De los Reyes, 24. September 1961.

109 IFI Archives (SATS), OM 1.4, 1961–1965, Box 3a, Folder 7b, De los Reyes – Bayne, 1. November 1961, „The governing bodies of the ‚Iglesia Filipina Independiente', after careful deliberation, have instructed me to inform you that it is our vehement wish to enter into full communion with the Church of England and with each and every other member of the Anglican Communion on the same basis of the full communion and Concordat adopted by the General Convention of the American Episco-

At the meeting of the General Convention of the American Church in Detroit, last September, a Concordat of full Communion was adopted between the Protestant Episcopal Church in the United States of America and the Iglesia Catolica Filipina Independiente. As you know, this Concordat has been long anticipated. It was the privilege of the American Church to give the historic Episcopate to the Philippine Independent Church in 1948. Even before that the association of the Philippine Episcopal Church and the Independent Church had been warm and deep. Now the two churches are bound together in a fraternal relationship of the greatest importance for both churches.

I enclose a copy of the Concordat adopted, as well as the report of the Committee, which will guide the two churches in the beginning years of this new relationship.

Now I have a letter from Bishop de los Reyes, the Obispo Maximo, asking me to present you, as well as to the Primates of all other Anglican Churches, the deep hope of the Independent Church to enter in the same relationship of full communion with all member churches of the Anglican Communion. A copy of Bishop de los Reyes' letter to me is enclosed.

I know from conversations with him that what he has in mind is the adoption of a Concordat similar in form to that prevailing with the American Church. It may be, however, that all that is needful is such action by yourself and whatever appropriate body should be included, as is needed simply to ratify the American-Philippine Concordat. I shall be glad to have you make whatever use you wish of myself in this connection. Undoubtedly you will want to be in direct touch with Bishop de los Reyes in this matter; I would only hope to be kept informed, if you please, and to be of whatever help I can in supplying further information.

Enclosed: „The Report of the Special Committee of the House of Bishops on the Proposed Concordat of Full communion Between the Philippine Independent Church and the Protestant Episcopal Church in the United States of America to the House of Bishops and to the General Convention in 1961."[110]

Dieser durch Bayne kommunizierte Vorschlag von De los Reyes erhält in Folge einen äusserst positiven Widerhall in der anglikanischen Gemeinschaft.[111] Zur gleichen Zeit beteiligt sich die IFI auch an der weltweiten multi-

---

pal Church in Detroit, Michigan, last September. We need your aid and guidance in the matter, and officially authorize you to negotiate Concordats of full Communion with all member Churches of the Anglican family of Churches and our Church. Please consider yourself with full powers to negotiate for the Filipino Church, and to speak for myself as Obispo Maximo or Supreme Bishop."

110 Vgl. z.B. das Exemplar des Briefes in IFI Archives (SATS), OM 18.1, Box 62, Folder 145, Bayne – Beecher, 8. Januar 1962.

111 Vgl. z.B. in IFI Archives (SATS), OM 1.4, Juni–Dez. 1962, Box 17, Folder 37, Knight – De los Reyes, 6. September 1962; Knight teilt mit, dass die Provinzialsynode im August 1962 der kirchlichen Gemeinschaft zugestimmt habe, er stellt De los Reyes zwei Exemplare eines entsprechenden Dokuments zur Unterschrift zu. Am 24. Sep-

lateralen Ökumene; Bischof Scaife von Western New York,[112] der für die Kontakte der IFI mit den altkatholischen Kirchen noch von Bedeutung sein wird, schreibt in seinem Weihnachtsgruss an De los Reyes von 1962 zum Beispiel, dass er sich freut, an der Generalversammlung vom ÖRK in New Delhi vier Bischöfe der IFI kennengelernt zu haben.[113] 1963 ist die IFI Gründungsmitglied des National Council of Churches in the Philippines und De los Reyes, Jr. wird zu dessen ersten Präsidenten gewählt.[114]

---

tember 1962 (Brief am gleichen Ort) kommuniziert Bayne an De los Reyes, dass alles bestens läuft, die Nippon Seiko Kai (ein entsprechender Brief vom „Primate" dieser Kirche wird allerdings erst am 2. April 1963 verschickt), die Church of the West Indies, und die Church of West Africa hatten alle ebenfalls die kirchliche Gemeinschaft mit der IFI feststellen können, während die Church of the Province of Central Africa dies demnächst auch tun werde (Bayne gratuliert De los Reyes am 30. Januar 1962 tatsächlich auch zu diesem Abkommen). S. weiter: Archives (SATS), OM 1.4, Juni–Dez. 1962, Box 17, Folder 37, Clark – De los Reyes, 12. Oktober 1962: die Generalsynode seiner Kirche habe im August 1962 an ihrer Sitzung in Ontario einen Antrag angenommen, der die Feststellung kirchlicher Gemeinschaft mit der IFI begrüsst; am 22. Oktober bestätigt De los Reyes (an Clark) sein Einverständnis zu einem entsprechenden Abkommen. Unterlagen schickt Clark allerdings erst 1963, vgl. IFI Archives (SATS), OM 18.1, Box 62, Folder 145, Clark – De los Reyes, 16. Juni 1963, worin Clark die Resolution der kanadischen Kirche zitiert: „That the General Synod of The Anglican Church of Canada expresses its willingness to enter into a relationship of full communion with the Philippine Independent Church on the basis of the Bonn Agreement of 1931, and requests His Grace, The Primate, to correspond with the Supreme Bishop of that Church to this end." Clark schlägt auch gemeinsame Gottesdienste in Kanada und auf den Philippinen vor, um das Abkommen zu feiern; De los Reyes – Clark, 27. Juni 1963: De los Reyes stellt das Einverständnis des „Supreme Council of Bishops" der IFI in Aussicht. Vgl. auch Clark – De los Reyes, 17. Juli 1963, und De los Reyes – Clark, 2. August 1963. Die (positive) Antwort vom Primas der „Church of India, Pakistan, Burma and Ceylon", Bischof H. Lakdhasa de Mel wird am 21. Januar 1963 verschickt (IFI Archives (SATS), OM 18.1, Box 62, Folder 145).

112 Lauriston L. Scaife (Milton, MA, 17. Oktober 1907 – Buffalo, NY, 19. September 1970), nach Ausbildung am General Theological Seminary pfarrämtliche Tätigkeit und anschliessend von 1948 bis 1970 Tätigkeit als Bischof von Western New York, Ökumeniker; Scaife war ein Förderer der Beziehungen der ECUSA zu anderen Kirchen mit einer katholischen Spiritualität.

113 IFI Archives (SATS), OM 1.4, Juni–Dez. 1962, Box 17, Folder 37, Scaife – De los Reyes, 27. Dezember 1962.

114 Vgl. die diesbezügliche Korrespondenz in IFI Archives (SATS), OM 18.1, Box 62, Folder 145, Ogilby – Dr. José Yap (Generalsekretär des NCCP), 13. Mai 1963.

Manche Kirchen, bzw. Theologen dieser Kirchen nahmen den Brief von Bayne auch als Anlass, weitere Informationen über die IFI anzufordern, so z.b. die Kirche von Irland.[115] Die Kirche von England lässt in diesem Kontext die Katholizität der IFI auch von einem ökumenischen Partner, der altkatholischen Kirche der Utrechter Union, abklären, in deren Namen Erzbischof Andreas Rinkel[116] von Utrecht antwortet. Er bestätigt die Katholizi-

---

115 IFI Archives (SATS), OM 18.1, Box 62, Folder 145, Kan. C.M. Gray-Stack (St. Patrick's Parsonage, Kenmare, Co. Kerry) – De los Reyes, 19. Januar 1963; Gray-Stack bittet um weitere Dokumentation, besonders um die liturgischen Bücher der IFI, da Gemeinschaft mit dieser Kirche sowie mit den spanischen und portugiesischen Kirchen an der kommenden Generalsynode zur Diskussion steht. De los Reyes antwortet am 25. Januar 1963 und schickt ihm die liturgischen Bücher, die Verfassung der IFI sowie Broschüren über die Kirche und das Buch „The National Gospel", eine Sammlung von Aufsätzen von José Rizal zu. De los Reyes betont in diesem Zusammenhang, dass das *Oficio Divino* nicht länger in Gebrauch ist; es wurde seinerzeit stark von den liturgischen Büchern der spanischen Kirche, wie diese unter Bischof Molina zustande gekommen waren, beeinflusst sei. Am gleichen Ort befindet sich auch die Bestätigung des „Assistant Secretary" der Generalsynode der irischen Kirche vom 28. Juni 1963, dass diese am 16. Mai 1963 Folgendes entschieden habe: „That as unanimously recommended by the Church Unity Committee the necessary steps will be taken to establish relations of full communion between the Church of Ireland and the Independent Philippine Church, known as Iglesia Filipina Independiente." Die Gemeinschaft zwischen beiden Kirchen wird 1963 von der Generalsynode der irischen Kirchen gutgeheissen, wie James McCann, Archbishop of Armagh, Metropolitan und Primas von Ganz Irland, De los Reyes am 20. Mai 1963 mitteilt, s. IFI Archives (SATS), OM 18.1, Box 62, Folder 145: „It gives me much happiness to inform you that the General Synod of the Irish Church last week passed a resolution uniting our two Churches in Full Communion with each other. Steps will be taken forthwith to implement this resolution."

116 Andreas Rinkel (Nieuwerkerk a/d Amstel, NL, 10. Januar 1889 – Utrecht, 25. März 1979); nach Studien am altkatholischen Priesterseminar in Amersfoort war er bis zu seiner Wahl zum Erzbischof von Utrecht (1937) nacheinander Pfarrer der altkatholischen Kirchgemeinden Enkhuizen und Amersfoort, wie auch seit 1921 Professor für Systematische Theologie und Liturgik am altkatholischen Priesterseminar in Amersfoort (bis 1948). 1970 trat er von seinem Amt als Erzbischof zurück. S. Fred Smit, ‚Andreas Rinkel (1889–1979),' in: W.B. van der Velde/F. Smit/P.J. Maan/M.J.IJ.W. Roosjen/J. Visser (Hg.), *Adjutorio Redemptoris. Dr. Andreas Rinkel. Aartsbisschop van Utrecht 1889–1979* (Amersfoort: Centraal Oud-Katholiek Boekhuis, 1987), 3-197.

tät der IFI vollumfassend.[117] Der betreffende Brief von Rinkel wurde von Heese in deutscher Übersetzung 1964 veröffentlicht; in diesem Brief, der auch im Namen des schweizerischen Bischofs Urs Küry verfasst wurde,[118] heisst es:

2. Die Glaubenserklärung (der IFI, *pbajs*) ist gesund katholisch. Wir stellen fest, dass die „Tradition" nicht hinreichend erwähnt ist und dass zu wenig Nachdruck der Tatsache gegeben worden ist, dass die Ph.I.C.C. sich bemüht auf die Kirche des ersten Jahrtausends und der grossen Ökumenischen Konzile zurückzugehen und dass sie die direkte und rechtmässige Fortsetzung der Alten Kirche sein will. Wir haben den Eindruck, dass diese Unterlassung auf einer wissenschaftlichen Unkenntnis beruht, weil sonst alle Glaubenselemente der ungeteilten Kirche erwähnt sind (…).

3. Es wäre besser gewesen wenn die „Filioque"-Klausel (…) ausgelassen und das Bekentnis selbst mit den Worten des ursprünglichen Glaubensbekenntnisses identifiziert worden wäre.

4. Wenn man das Sakrament der Busse ein „Bekenntnis der Sünden" nennt, so ist das nicht genau eine richtige Interpretation des Sakramentes der „metanoia" oder der „reconciliatio", da das Sündenbekenntnis nur ein Teil der Handlung ist. (…)

6. Aus historischen Darstellungen erhalten wir den Eindruck, dass die Ph.I.C.C. in ihrer liturgischen Praxis und Disziplin noch ziemlich „römisch" ist, während sie gleichzeitig theoretisch, nach ihrem Bekenntnis und Ideal, gut katholisch ist.

7. Wir glauben, dass es nichts Schwerwiegendes gibt, was die Kirche von England daran hindern könnte, die Ph.I.C.C. als eine wahre katholische Kirche zu erklären, als eine aufrichtige Zeugin des Evangeliums des Herrn und der Kirche der

---

117 Vgl E.-W. Heese, ‚Die Philippinische Unabhängige Kirche,' *IKZ* 54 (1964), 57-82, 81-82.

118 Urs Küry (Luzern, 6. Mai 1901 – Basel, 3. November 1976) war nach Studien in Bern und Paris und der Diakonats- und Priesterweihe Vikar und Pfarrer in den christkatholischen Kirchgemeinden Basel, Genf, Zürich und Olten (1924–1955); er wurde 1955 zum Bischof der Christkatholischen Kirche der Schweiz gewählt, ein Amt, welches er bis 1972 inne hatte, während er seine Lehrtätigkeit als Professor für Systematische Theologie an der (Christ-)Katholischen Fakultät der Universität Bern beibehielt (1951–1972). S. Hans A. Frei, ‚Urs Küry (1901–1976): Ein Leben für die Kirche,' in Bruno Bürki/Stephan Leimgruber, eds., *Theologische Profile – Portraits théologiques. Schweizer Theologen und Theologinnen im 19. und 20. Jahrhundert – Théologiens et Théologiennes suisses du 19e et 20e siècles* (Fribourg i.Ue.: Universitätsverlag/Paulusverlag, 1998), 218-230; idem, ‚Küry, Urs,' in *Historisches Lexikon der Schweiz* 7 (Basel: Schwabe, 2008), 519-520, und idem, ‚In memoriam. Bischof Dr. phil. Urs Küry 1901–1976,' *IKZ* 66 (1976), 193-197.

Apostel und der ersten zehn Jahrhunderte und mit dieser Kirche ein Konkordat über „volle kirchliche Gemeinschaft" abzuschliessen.

8. Wir möchten den Rat geben, die Kirche von England sowohl wie die Bischöfliche Kirche der USA mögen in irgendeiner Form die Beziehungen mit der Ph.I.C.C. intensivieren, damit die katholische Linie im Sinne der Alten Ökumenischen Kirche erhalten und gestärkt werde!

9. Wir sind überzeugt, dass die Ph.I.C.C., die einst von ihrem katholischen Ursprung auf den falschen Weg des Liberalismus und Unitarianismus abirrte – obwohl nicht in ihren einfachen Gläubigen – den Weg zum wahren Katholizismus zurückgefunden hat.[119]

Ein ähnlicher Brief von Rinkel an De los Reyes wurde Mitte 1964 in den Philippinen veröffentlicht.[120] Rinkel äussert sich folgendermassen:

Some days ago I received your valuable set of books, Missal, Ritual and Prayer Book, where for I bring you great thanks!

I am studying them and realize myself that your Church is in its faith and liturgy as soundly Catholic as ours.

Therefore I am very thankful for the honor that we have met and made acquaintance at Canterbury and together took part in the consecration of the two Bishops of the venerable Anglican Church, expressing in this holy act at the same time our mutual catholicity and fellowship in the one, holy catholic and apostolic Church of Jesus Christ and His Apostles.

There have many things happened after the beginning of this century as your Church leaders made the first contact with our church in the person of Bishop Dr. Ed. Herzog of Switzerland. I think if in those days the status of your Church had been like now there would be already for many years a great bond of fellowship between our churches. Therefore we may hope that such a fellowship may be realized in our times.

I am glad to tell you that the two Iberian Churches (Spain and Portugal) in the persons of their bishops Molina and Dr. Pereira, already have asked us to realize an agreement with our Churches on the basis of full-communion like it is existing since 1931 between the Anglican Churches and our Old Catholic Churches. I suppose such an agreement might be also possible between us, although I know that the far distance might for the present such an agreement make only of theoretical significance, but nevertheless a great factor for the sake of unity.[121]

---

119 Heese, ‚Kirche,' 81-82.

120 Rinkel – De los Reyes, *The Christian Register* (Juli 1964), 8.

121 IFI Archives (SATS), OM 1.4, Apr.–Sept. 1964, Box 20, Rinkel – De los Reyes, 15. Juli 1964; s. auch IFI Archives (SATS), OM 1.4, 1961–1965, Box 3a, Folder 7b, Bayne – De los Reyes, 20. Juni 1961: Bayne bedankt sich bei De los Reyes für dessen Versand der liturgischen Bücher der IFI an Pereira und Molina.

Rinkel bestätigt damit die Katholizität der IFI und stellt De los Reyes faktisch eine Feststellung kirchlicher Gemeinschaft und ein entsprechendes Abkommen in Aussicht. Rinkel erwähnt in diesem Zusammenhang auch die Bitte um entsprechende Abkommen der spanischen und portugiesischen Kirchen und die gemeinsame Teilnahme an der Konferenz der „Wider Episcopal Fellowship."

Auch der Informationsfluss über die IFI innerhalb der Utrechter Union läuft weiter, wie es Wolfgang Krahl im Juni 1962 an De los Reyes schreibt:

> Today I had the great pleasure to receive again a copy of The Christian Register... It will be interesting for your Grace that during the year of 1961 and the first six months of 1962 there were published in the Old Catholic International Information Service (AKID) nine news items and reports on the Iglesia Catolica Filipina Independiente, composed by me, which were printed in several Old Catholic Church papers in different European countries (even one in the Serbo-Croatian language in Yugoslavia). If I would more regularly get The Christian Register, the reports on your Church would be still more actual and authentic.[122]

Im Kontext dieser verschiedenen Abkommen ist es interessant, die Zielsetzung von Bischof Bayne zu erfahren, der diese 1963 in einem Auszug aus einem Bericht an den Erzbischof von Canterbury folgendermassen formuliert:

> I should refer to one unique ecumenical relationship – that involving the Episcopalian diocese of the Philippines and the Philippine Independent Church. Here are two churches sharing the life of one nation, churches now in full communion with one another and increasingly involved with one another. Full communion could represent a dangerous turn of affairs, for it could mean a paralysis of further effort toward real and costly and Catholic unity. The will of both these churches has been to pass that danger point, and to engage in a thoughtful and determined program of growing-together. It may well take a generation or more before old ignorances and divisions disappear. But the leadership of both churches is determined that nothing shall hinder the full ripening of unity.
>
> The training in common of the ordinands and clergy of both churches is doubtless a cardinal first step, and this has now been the case for a number of years. Approximately equal numbers of ordinands from each church share the life of St. Andrew's Seminary in Quezon City. Regional councils, representative of both churches, with staff and funds at their disposal, are now being established. Joint programs in special areas are being established, especially for training. The strategic needs of both churches, largely centered as they are in different areas of the nation, are increasingly determinative in planning. Such are some of the practical steps now being

---

122 Korrespondenz abgedruckt in: *The Christian Register* (Juli 1964), 8.

taken, under the all-important guidance of the Joint Council of both churches which is the principal planning body.

In some ways the situation in the Philippines is unique, involving as it does parallel episcopates as well as a host of lesser anomalies in church life. But full communion between episcopal churches anywhere is likely to involve precisely these anomalies. And while I am sure that all of us have welcomed the growing partnership in full communion which the bishops at Lambeth called „The Wider Episcopal Fellowship", some at least have been concerned, as I must confess I have, at precisely the danger which confronted us in the Philippines, namely that of accepting full communion as the end of the ecumenical road. For one church to be in full communion with another is an immense step forward in the path of unity. It may be an indispensable step. But full sacramental communion alone is not unity, where it does not mean the self-denying sharing of one another's life and witness, with all its cost as well as all its strength. If we are not fully responsible for one another – prepared fully to bear one another's burdens and share one another's tasks – then full sacramental communion may mean nothing more than a mere ceremonial courtesy.[123]

Diese Zielsetzung vertritt auch De los Reyes, wie aus seiner Korrespondenz mit dem australischen Pfarrer A.J. Broadfield hervorgeht, der sich im Kontext der Vorbereitung einer (positiven) Entscheidung über die Frage der kirchlichen Gemeinschaft seiner Kirche mit der IFI mit verschiedenen Fragen bei De los Reyes meldet. So teilt er Broadfield mit, dass sämtliche Bischöfe der IFI eine Neuweihe erhielten,[124] er informiert ebenso über den Stand der Dinge bezüglich der Konkordate,[125] und beschreibt nicht zuletzt seinen kirchlichen Traum für die Philippinen:

---

123 IFI Archives (SATS), OM 18.1, Box 62, Folder 145, Mrs. Irvine (Assistentin von Bayne) – De los Reyes, 28. Februar 1963.

124 IFI Archives (SATS), OM 1.4, 1961–1965, Box 3a, Folder 7b, De los Reyes – Broadfield, 21. Mai 1962: „Since that date (7. April 1948) these three Filipino Bishops of the Philippine Independent Church (Isabelo de los Reyes, Jr., Manuel N. Aguilar, Gerardo M. Bacaya, at the Pro-Cathedral of St. Luke, Manila) imparted Apostolic Succession to each and every other bishop of the PIC, sometimes with Bishop Norman Spencer Binsted assisting in the laying on of hands as in the case of bishops Camilo C. Diel and Macario V. Ga, one in Dumaguete City and the last at La Paz, Iloilo City."

125 IFI Archives (SATS), OM 1.4, 1961–1965, Box 3a, Folder 7b, De los Reyes – Broadfield, 26. Mai 1964: „(E) No, Concordats between the PIC and all the Churches of the Anglican Communion have been signed after approval by their respective governing bodies. As yet no Concordats have been approved by the Churches of Wales and Australia. All others have done so, the latest, only weeks ago, the Church of New Zealand. (F) There are Concordats with the Lusitanian Church and Spain,

I have no answer to your question concerning the intention of the American Episcopal Church to keep maintaining a missionary diocese in the Philippines. I hope, however, that eventually only one National Philippine Church shall be in my country, and that said Filipino National Church, in full communion with all the Churches of the Anglican Communion, shall become a Province of said Communion. Of course, this will take plenty of time, as to-day both the American Episcopal and the Philippine Independent Churches are not as yet ready for such momentous development. This is just my dream, but dreams are also part of men's life, and often come true.[126]

Zur gleichen Zeit kommt ein weiterer Kontakt zustande, denn die Leitung der von Tomkins bei De los Reyes gemeldeten Polish National Catholic Church

---

but nothing exists as yet between the PIC and the Old Catholic and Orthodox Churches, although we pray and work for it." S. auch idem – idem, 3. Oktober 1964, mit weiteren Details über individuelle Bischöfe (welche keine Weihe erhielten, weil sie schon gestorben waren, aber offenbar trotzdem noch auf der Bischofsliste der IFI aufgeführt wurden, usw.), und idem – idem, 29. April 1965, mit Informationen über den Abschluss des Gerichtsverfahrens mit Fonancier (De los Reyes erwartete eine Entscheidung am 30. April), idem – idem, 27. Mai 1965 über die nicht-Wiederwahl von Bischof Horacio Santa Maria als Präsident des „Supreme Council of Bishops," dessen Auszug aus der IFI und Ersatz durch Bischof Camilo C. Diel, idem – idem, 20. August 1965 mit Informationen über neugeweihte Bischöfe der IFI und der folgenden Mitteilung: „Within a few hours I shall be on my way to Canada and then Vienna where I hope to conclude a Concordat of full Communion with the Old Catholic Churches of Europe." Bekanntlich gelingt dies, s. dazu auch idem – idem, 29. September 1965: „I have just returned from Vienna where my Church was blessed with a Concordat of full communion with the Old Catholic Churches of Europe." Am 1. Oktober 1965 freut sich De los Reyes in einem Brief an Broadfield über die Resolution dessen Bistumssynode, und in einem weiteren Brief vom 6. Juni 1966 äussert sich De los Reyes auf eine Nachfrage von Broadfield über die Altkatholiken: „I know very little concerning the Old Catholic Churches of Europe. All I can report to you is that in 1965 at their International Congress in Vienna, our petition for full communion with all those churches was approved. Since then, I received no further news. I do not receive their newsletters. I hope, however, that once our national cathedral is terminated by 1967, some episcopal consecrations shall take place in that coming cathedral by Anglican bishops as well as Old Catholics." Am 8. Dezember 1966 schreibt De los Reyes Broadfield und interpretiert das *magnum opus* von De Achútegui und Bernad als eine Reaktion auf die erweiterte Anerkennung der IFI durch die Anglikaner. Alle Korrespondenz in: IFI Archives (SATS), OM 1.4, 1961–1965, Box 3a, Folder 7b.

126 IFI Archives (SATS), OM 1.4, 1961–1965, Box 3a, Folder 7b, De los Reyes – Broadfield, 25. Juli 1964.

(PNCC) wurde inzwischen auch von ihm angeschrieben und hat (mindestens) ein „*Filipino Missal*" erhalten, wofür Bischof Tadeusz J. Zielinski (Diozöse Buffalo-Pittsburgh) sich am 6. März 1963 bedankt. Er hatte sich auch mit einem Bischof der IFI, Horacio Sta. Maria, getroffen und zwar zusammen mit Bischof Scaife der Episkopalkirche (Diozöse Western New York, ebenfalls mit Sitz in Buffalo, NY), wobei er eine enge Verwandschaft zwischen den beiden Kirchen feststellen konnte; entsprechend schreibt er De los Reyes:

> While listening to his (Sta. Maria's, *pbajs*) message we were re-living our own struggle for religious freedom. (…) Even though we are not officially in intercommunion, yet I feel that our relationship is a very close one because our witness is the same and our struggle is the same. We are separated by distance and the barrier of language, but our purpose and our work is the same.[127]

Wenig später, im Juni 1963, schreibt auch der Primas der PNCC an De los Reyes, um sich für die Zusendung des *Filipino Missal* zu bedanken. Er bittet zudem um mehr Informationen über die PNCC und gibt der Hoffnung Ausdruck, dass die beiden Kirchen näher zusammenwachsen mögen.[128]

Auch von Europa aus wächst das altkatholische Interesse an der IFI. So beginnt 1963 ein Austausch zwischen dem bereits kurz erwähnten Pfr. E.W. Heese aus Konstanz und De los Reyes. Heese stellt sich und seine Anliegen folgendermassen vor:

> Recently the Old Catholic bishop of Switzerland, Mgr. Dr. Küry, invited me to write an article on the Iglesia Filipina Independiente. This essay is to be published in the Internationale Kirchliche Zeitschrift, the theological quarterly of the Old Catholic churches. He supplied me with some material about Your church, which will help me to form an idea of the Independent Philippine Church, its aims, its doctrines, its organisation etc. We are especially interested in the relations of full communion now existing between Your church and The Episcopal Church of the USA, since these are based on the so called Bonn Agreement of 1931, which is the basis of the relations between the Old Catholic and Anglican Churches.[129]

Heese bittet auch um einen jüngeren Theologen der IFI als Korrespondenzpartner. De los Reyes wird rasch geantwortet haben, denn schon acht Tage

---

127 IFI Archives (SATS), OM 18.1, Box 62, Folder 145, Tadeusz J. Zielinski (Bischof der Diozöse Buffalo-Pittsburgh der PNCC, Buffalo, NY) – De los Reyes, 6. März 1963.
128 Vgl. IFI Archives (SATS), OM 18.1, Box 62, Folder 145, Leon Grochowski („Prime Bishop" der PNCC, Scranton, PA) – De los Reyes, 21. Juni 1963.
129 IFI Archives (SATS), OM 18.1, Box 62, Folder 145, Heese – De los Reyes, 22. Juni 1963.

später bedankt Heese sich für die Antwort von De los Reyes. Heese kommentiert die unglücklich verlaufene Korrespondenz zwischen Herzog und Aglipay kurz und fährt dann weiter, indem er Gott für den folgenden Sachverhalt dankt:

(T)he tide has turned and that the Iglesia Filipina Independiente has recovered the fullness of Catholic Faith and Order. After studying the Declaration of Faith, the Articles of Religion and the Constitution of the Philippine Independent Church, I am personally fully convinced of its orthodoxy and catholicity. I can see no reason why it should not be possible one day to establish a concordat of full communion between our churches on the same terms as laid out in the famous Bonn Agreement of 1931.

I do not think (as De Los Reyes, Jr. had apparently asked, *pbajs*) that the Old Catholic episcopate would insist on you accepting the Declaration of Utrecht in case your church would make an approach to our bishops with the aim of bringing about the relationship of „Full Communion" between the two churches. This Declaration is not a „confessional" document, but only serving a purpose within the Old Catholic „household", by scetching the points on which we differ from Rome – which are, I dare say, probably precisely the same on which you differ from the papacy, too. (…)

My very personal and altogether unofficial advice to you is, therefore this: First, I think, you should bring about a concordat of full communion with the Church of England. This being accomplished, you should approach Mgr. Dr. Andreas Rinkel, Archbishop of Utrecht, in his capacity as president of the International Conference of Old Catholic Bishops. What I am writing to your Grace now should be considered as my private judgement (…). But I have got the impression, again from a private utterance of one of our bishops, that by now circumstances are not unfavorable for our churches to draw closer together.

In the meantime an enthusiastic Old Catholic layman, Mr. Wolfgang Krahl of Krefeld, Germany, with whom you have been keeping up some correspondence, as he has told me, has furnished me with very valuable material on your church. I am now busy reading Bishop Whittemore's account of the heroic history of the Philippine Church, which is giving me a clearer picture of the issues at stake then and now. He also sent me a sample of copies of the Christian Register, which I have looked through with great expectation and eagerness.

(…) I am particularly grateful for you recommending to me the Rev. Sotero Mitra as a prospective correspondent.[130]

Ob diese letztgenannte Korrespondenz je zustande kam, lässt sich auf Basis der IFI-Archive nicht mit Sicherheit sagen. Lange kann eine solche Korres-

---

130 IFI Archives (SATS), OM 18.1, Box 62, Folder 145, Heese – De los Reyes, 30. Juni 1963.

pondenz im Vorfeld des geplanten Aufsatzes auf alle Fälle nicht gedauert haben, denn Heese veröffentlicht seinen Beitrag über die IFI schon 1964.[131] Heese veröffentlicht zusammen mit seiner Darstellung der IFI auch eine deutsche Übersetzung der *Declaration of Faith and Articles of Religion of the Iglesia Filipina Independiente* aus dem Jahre 1947[132] und den oben zitierten Brief des damaligen Erzbischofs von Utrecht, Dr. Andreas Rinkel, an den Erzbischof von Canterbury, Dr. Michael Ramsey.[133] Darin nimmt Rinkel zur IFI Stellung und erklärt, dass diese Kirche gut katholisch ist.[134]

4.2.1 Eine ökumenische Reise nach Indien und Europa

Um sich in diesem neuen ökumenischen Kontext zu orientieren, sucht De los Reyes weiterhin den Rat von Bayne, der ihm z.b. 1963 schreibt, dass die Stolgebühren, wie sie in der IFI vorkommen, kein Hindernis für Gemeinschaft mit der Kirche von England seien (da diese ein ähnliches System verwende), dass er De los Reyes dazu ermutige mit *Prime Bishop* Grochowski der PNCC Kontakt aufzunehmen und bei Bischof Scaife um Unterstützung zu bitten, da dieser beide Kirchen (IFI und PNCC) gut kenne, dass er auf die kanadische Anfrage bzgl. gemeinsamer Gottesdienste eingehen solle, und überhaupt, dass es Zeit wäre für eine Rundreise:

> You know, I'm sure, that the Archbishop of Canterbury is hoping for your attendance at the Conference of the Wider Episcopal Fellowship at Canterbury next April. Assuming that your Cathedral drive is safely completed before April 1964, I wonder if it would be possible for you to arrange to be away from the Philippines

---

131 Heese, ‚Kirche.'
132 S. Heese, ‚Kirche,' 76-80.
133 Arthur Michael Ramsey (Cambridge, 14. November 1904 – Oxford, 23. April 1988), nach Studien am Magdalene College, Cambridge, und Cuddesdon College, Priesterweihe 1928, anschliessend pfarrämtliche Tätigkeit in Liverpool und Lehrtätigkeit in Lincoln, nach seiner Rückkehr ins Pfarramt (Boston Stump, St. Benet's, Cambridge) wurde er Kanoniker und Professor in Durham und ab 1950 Regius Professor of Divinity in Cambridge, aber schon ab 1952 wirkte er als Bischof von Durham, worauf 1956 die Ernennung zum Erzbischof von York und 1961 die zum Erzbischof von Canterbury folgten, Rücktritt 1974.
134 S. Heese, ‚Kirche,' 80-82. Auch von innerhalb der Kirche von England erhielt der Erzbischof von Canterbury positive Gutachten, vgl. z.B. IFI Archives (SATS), OM 18.1, Box 62, Folder 145, Harry James Carpenter (Bischof von Oxford) – De los Reyes, (*Datum nicht leserlich*) Juni 1953. Carpenter gehörte zu den katholisch orientierten Bischöfen in der Kirche von England.

from April until the following September. If this was so, you could come from Manila to London and Canterbury; you could spend a few days or longer in England and with the Old Catholics on the continent; then you could come to America and visit the Polish Church and also Mexico; you could perhaps have a little holiday; then you could complete this long visit by making a brief tour in Canada, culminating in the celebration of the Concordat in Lennoxville, at the end of August.

Of course you could do all these things separately, if it were necessary for you to go back to Manila in the interim. But there is much to be said, I should think, for a fairly long visit – one which would permit you to stop to see Anglican friends in India and South East Asia and the Ecumenical Patriarch in Istanbul, before coming to Canterbury. I should think that such a tour would be well worth the three or four months involved. (…)

Finally, I don't quite know what to say about our Old Catholic friend in Germany.[135] I should think that one of your men at St. Andrew's Seminary would be able to handle this inquiry happily. It certainly doesn't require you to take any action yourself, I should think. It would be more important for you to develop any possible relationship with the Archbishop of Utrecht, or with any other of the Old Catholic bishops. I think that this present matter is simply one of personal friendship between priests.[136]

Weniger als zwei Wochen später lädt Erzbischof Ramsey von Canterbury De los Reyes und zwei weitere Bischöfe der IFI tatsächlich zur ersten „Conference of the Wider Episcopal Fellowship" ein, die vom 13. bis 17. April 1964 stattfinden soll, und zu der Bischöfe der verschiedenen Provinzen der anglikanischen Gemeinschaft eingeladen wurden sowie „Bishops from the Old Catholic Church, the Church of Sweden, the Church of Finland, the Lusitanian Church, the Spanish Reformed Episcopal Church and the Mar Thoma Church in India." Ramsey teilt De los Reyes auch noch Folgendes mit:

As you know I have appointed a Commission to study the Faith and Order of your Church and, having seen the draft report which has already been prepared, it is my hope that we shall soon be able to draw up a concordat establishing full communion between your Church and our Church of England.[137]

---

135 Vermutlich Heese, dem De los Reyes aber schon einen Korrespondenten vorgeschlagen hatte.

136 IFI Archives (SATS), OM 18.1, Box 62, Folder 145, Bayne – De los Reyes, 22. Juli 1963; Bayne bezieht sich auf einen Brief von De los Reyes vom 22. Juni des gleichen Jahres. S. auch einen Brief mit einer sehr ähnlichen Ausrichtung von Bayne an De los Reyes, vom 19. August 1953 in: IFI Archives (SATS), OM 18.1, Box 62, Folder 145.

137 IFI Archives (SATS), OM 18.1, Box 62, Folder 145, Ramsey – De los Reyes, 31. Juli 1963.

Wie aus weiterer Korrespondenz hervorgeht, plante Ramsey – wie es auch geschah –, das Abkommen über die kirchliche Gemeinschaft am Treffen der „Wider Episcopal Fellowship" zu unterschreiben,[138] obwohl diese mit der Zustimmung der „Convocation of Canterbury" (16. Oktober, 1963) eine Tatsache war; der Erzbischof von York konnte De los Reyes schon etwas früher mitteilen, dass seine Kirche dem Konkordat zugestimmt hatte, denn dies geschah am 9. Oktober des gleichen Jahres.[139] Weitere Kontakte für die IFI wurden von den Ökumenikern der anglikanischen Gemeinschaft geplant. So gibt Bischof Scaife (Western New York) am 30. Oktober De los Reyes die folgenden Informationen und Hinweise:

The Ecumenical Patriarch of Constantinople has shown not only a traditional, but an active role in these meetings (i.e. the pan-orthodox conferences at Rhodes in 1961 and 1963, *pbajs*) and it is therefore indicated that the Philippine Catholic Independent Church might well address itself to its Holiness with a communication intended for all Autocephalous Churches, rather than to each of them separately. Such communication should make it clear that the objective is to secure the establishment of brotherly relationships in Christ with all the Churches in communion with the Ecumenical Patriarchate of Constantinople. If the Ecumenical Patriarch should then suggest that the Philippine Catholic Independent Church communicate directly with each of the other Autocephalous Churches, this could be done: in fact it might well be made part of the letter to ask the Ecumenical Patriarch if he would so recommend. – The IFI should append to the letter doctrinal, canonical statements and ecumenical agreements.

(...) Further, it might be well if the Presiding Bishop of the Protestant Episcopal Church were to write to the Ecumenical Patriarch of Constantinople on this matter at the time of the transmission of the communication from the Philippine Catholic Independent Church to His Holiness, Athenagoras.

I have not discussed the matter of effecting a Concordat of full communion with the Old Catholic Churches as I am under the impression that you may be in direct communication with Archbishop Rinkel. If I can be of help in this area, please don't hesitate to call upon me as I shall hope to see Archbishop Rinkel in the early part of February, 1964.[140]

---

138 S. IFI Archives (SATS), OM 1.4, 1961–1965, Box 3a, Folder 7b, Bayne – De los Reyes, 6. und 13. Mai 1963.

139 IFI Archives (SATS), OM 18.1, Box 62, Folder 145, Coggan – De los Reyes, 10. Oktober 1963.

140 In: IFI Archives (SATS), OM 1.4., Aug. 1963–März 1964, Box 19, Scaife – De los Reyes, 30. Oktober 1963.

Die Pläne für weitere ökumenische Kontakte der IFI und, in diesem Zusammenhang, für eine längere Reise von De los Reyes nach Europa nehmen damit weiter Gestalt an. Dies belegen auch weitere Briefe von Bayne an De los Reyes,[141] wie auch die Korrespondenz mit Bischof Santos M. Molina, Bischof der Iglesia Española Reformada Episcopal, der De los Reyes während seiner Reise ebenfalls gern als Gast seiner Kirche begrüssen würde.[142] Inzwischen wächst die Zahl der Abkommen kirchlicher Gemeinschaft der IFI mit Kirchen(provinzen) der anglikanischen Gemeinschaft weiter; so schreiben die anglikanische Kirche Schottlands und die „Church of the Province of East Africa" De los Reyes entsprechende Briefe im November 1963.[143] De los Reyes reagiert, zumindest auf die Mitteilung aus Afrika, mit übergrosser Freude; denn, so wie er dem dortigen Erzbischof schreibt, sobald er den Brief erhielt, machte er folgendendes

I gave instructions for the ringing of all our bells in all our churches in the Greater Manila area for three long minutes to rejoice and pray with thankfulness to our Almighty God for this new movement for closer relationship between our churches.

My Church welcomes with a warm spirit the fraternal wish of the Standing Committee of your Provincial Synod, and we all pray for final action by the Pro-

---

141 In IFI Archives (SATS), OM 1.4, Aug. 1963–März 1964, Box 19, Bayne – De los Reyes, 30. Oktober 1963, vorgesehene Stationen der Reise sind in diesem Moment: Indien (wie De Mel am 2. Januar 1964 in einem Brief an De los Reyes bestätigt, in IFI Archives [SATS], OM 1.4, Aug. 1963–März 1964, Box 19), Konstantinopel, Canterbury, die Präsenz der Episkopalkirche auf dem europäischen Kontinent, Irland, Spanien und Portugal.

142 In IFI Archives (SATS), OM 1.4, Aug. 1963–März 1964, Box 19, Santos M. Molina (Bischof der Iglesia Española Reformada Episcopal) – De los Reyes, 2. November 1963.

143 In IFI Archives (SATS), OM 1.4, Aug. 1963–März 1964, Box 19: Francis Hamilton Moncrieff, Bischof von Glasgow und Primas der Episcopal Church in Scotland – De los Reyes, 4. November 1963: „At a meeting of the Provincial Synod of the Episcopal Church in Scotland held in Perth on October 23rd, it was unanimously agreed that the Bishops of the Scottish Episcopal Church should offer to make a Concordat of Communion on the lines of the Bonn Agreement, with the Philippine Independent Church, as many other Provinces of the Anglican Communion have already done." (Vgl. auch idem – idem, 27. Dezember 1963 bezüglich der Unterzeichnung des Abkommens auf schottischer Seite, in: IFI Archives [SATS], OM 1.4, Aug. 1963–März 1964, Box 19), s. auch: Beecher – De los Reyes, 21. November 1963: „it is the will of the Standing Committee of our Provincial Synod that the Church of the Province of Eastern Africa should enter into a concordat of Full Communion with your Church."

vincial Synod as recommended by the standing committee. As for the Philippine Independent Church, I have been granted full powers and authorization to conclude concordats of Full Communion with each and all the members of the Anglican Communion of Churches provided said concordats are along the three points of the Bonn Agreement between the Church of England and the Old Catholic Church of Europe.[144]

Bischof Bayne plant inzwischen die Reise von De los Reyes zur „Wider Episcopal Fellowship" weiter. Ende November 1963 schlägt er vor, auch einen Zwischenhalt in Rom einzulegen und unterstützt die Vorschläge von Bischof Scaife bezüglich des Besuches in Konstantinopel. Auch äussert Bayne sich über die geplante Kontaktaufnahme mit den Altkatholiken:

> (...) (Y)ou will of course be with Archbishop Rinkel at Canterbury, for the Conference, and you can doubtlessly work out any problems that may remain in that part of your life. He will be accompanied by another Old Catholic bishop at the conference, and there will be two American Polish National Catholic bishops as well.[145]

Im Rahmen der Vorbereitung seiner Reise und entsprechend den Anweisungen von Bischof Scaife verfasst De los Reyes einen Brief an den Patriarchen von Konstantinopel, in dem er sich vorstellt und mitteilt, dass er sich nach Gemeinschaft mit den orthodoxen Kirchen sehne.[146] Zeitgleich planen De los

---

144 In: IFI Archives (SATS), OM 1.4, Aug. 1963–März 1964, Box 19, De los Reyes – Beecher, 26. November 1963.

145 In: IFI Archives (SATS), OM 1.4, Aug. 1963–März 1964, Box 19, Bayne – De los Reyes, 27. November 1963.

146 In: IFI Archives (SATS), OM 1.4, Aug. 1963–März 1964, Box 19, De los Reyes – Seine Allheiligkeit Athenagoras I, 27. Januar 1964. *Presiding Bishop* der Episkopalkirche Lichtenberger verfasste auch die vorgesehene Bestätigung des Status der IFI für seine Kirche und schrieb dem Patriarchen entsprechend am 20. Februar 1964 (S. die Dokumentation in: IFI Archives (SATS), OM 1.4, Aug. 1963–März 1964, Box 19,); in Konstantinopel sollte De los Reyes von Rev. Vincent H. Butler begleitet werden, dem er am 24. Februar 1964 schreibt, Butler schickt De los Reyes am 1. April eine Antwort, worin er als Datum für das Treffen den 7. Mai 1964 bestimmt. Der Brief von De los Reyes wurde dem Patriarchen offenbar von einer Zwischenperson, dem *Gymnasiarchen* George Papageorgiou, übergeben, so schreibt Papageorgiou De los Reyes am 24. Februar 1964 zusammen mit der Mitteilung, er habe ein Buch verfasst (auf Griechisch), „Political Eduation of the Christian and Muslim Peoples." Nach dem Besuch erhält De los Reyes (mindestens) den Weihnachtsbrief des Patriarchen von 1964 (in IFI Archives [SATS], OM 1.4, Okt.–Dez. 1964, Box 21) und am 10. Oktober 1965 ein Schreiben aus Anlass des Ausbruches des Vulkans Taal (IFI Archives [SATS], OM 1.5, Okt. 1965–April 1970, Box 24). Am 13. Mai

Reyes und Clarke, Primas der anglikanischen Kirche in Kanada, eine vorgenommene Feier der kirchlichen Gemeinschaft weiter,[147] und auch die Aufnahme in die regionale Ökumene schreitet fort. So berichtet der Bischof der philippinischen Episkopalkirche am 28. Februar, dass die IFI aufgrund der folgenden Resolution Mitglied des „Council of the Church of Southeast Asia" geworden sei:

7 a) The Philippine Independent Church:

The Bishop of the Philippines, making reference to the ‚rump' meeting of the Council held at Toronto in August 1963, urged that the Philippine Independent Church be granted full membership in the Council with a representation of one bishop, one priest, and one layman. Bishop Bayne also spoke of the desirability of having the Philippine Independent Church, which is now in full communion with most of the Churches of the Anglican Communion and is a member of the World Council of Churches, awarded Council membership. It was unanimously resolved that the Philippine Independent Church be granted such membership with one bishop, one priest, and one layman seated on the Council.[148]

Auf der anderen Seite der Welt wird De los Reyes eingeladen, am BBC Programm „Lift up your hearts" mitzuwirken, welches eine grosse Hörerschaft erreicht.[149]

Von Bischof Bayne erhält De los Reyes in dieser Zeit einen Bericht über die Verhandlungen von Bayne mit der „Council of the Church of Southeast Asia" (CCSEA) im Frühjahr 1964, wo das MRI-Prinzip des „Anglican Congress" in Toronto (an dem auch Vertreter der IFI teilnahmen) scharf kritisiert wurde und Anglikaner als „crypto-confessionalists" unter Beschuss lagen. Im gleichen Atemzug erwähnt Bayne, dass viele Anglikaner die Implikatio-

---

1966 bedankt sich Patriarch Athenagoras I bei De los Reyes für das Zusenden vom *The Christian Register* (vgl. IFI Archives [SATS], OM 1.5, Okt. 1965–April 1970, Box 24).

147 Vgl. in IFI Archives (SATS), OM 1.4, Aug. 1963–März 1964, Box 19, Clark – De los Reyes, 18. Februar 1964, mit der Bemerkung: „Of one thing we may be sure. Our Concordat is a firm one, whether or not we are able to have these services of recognition. It is not possible for the two Churches to come across each other in their normal life very often, but always there is the grateful knowledge of this extension of our inter-communion with Christians in other parts of the world."

148 Ogilby – De los Reyes, 28. Februar 1964; Ogilby bezieht sich auf das Treffen des Council of the Church of Southeast Asia in Singapur vom 18.–22. Februar 1964.

149 IFI Archives (SATS), OM 1.4, Apr.–Sept. 1964, Box 20, Rev. Elsie Chamberlain (Religious Broadcasting Department of the BBC) – De los Reyes, 26. März 1964.

nen der „full communion" (nach Bayne: das Fusionieren von Kirchen) nicht verstehen.[150]

Die Planung der Europareise schreitet inzwischen voran. Bayne kümmert sich offenbar auch um den Zwischenhalt in Rom, denn er berichtet De los Reyes Folgendes:

> I have a note from Canon Pawley, the Archbishop's representative at the Vatican, who says that he thinks that it would be a very good thing for you to see Cardinal Bea in Rome, and possibly even the Pope. Canon Pawley has written to Mgr. Willebrands to ask him about it.[151]

Nur fünf Tage später, am 29. April, wird die Mitteilung der nächsten kirchlichen Gemeinschaft an De los Reyes verschickt. So teilt der Erzbischof von Neuseeland, N.A. Lessner, Bishof von Waiapu, Napier mit, dass die Generalsynode seiner Kirche aufgrund eines vom Dean of Christchurch gestellten und vom *Archdeacon* H.M. Cooke unterstützten Antrages Folgendes entschieden hat:

> That this Synod, acting on behalf of the Church of this Province, do now enter into concordat with the Philippine Independent Church opening the way to a state of inter-communion on the lines of the Bonn Agreement with the Old Catholic Church, in the following terms.
>
> 1. Each of our two communities recognises the catholicity and independence of the other and maintains its own.
> 2. Each of our two communions agrees to admit members of the other Communion to participate in the Sacraments.
> 3. Full Communion does not require from either Communion the acceptance of all doctrinal opinion, sacramental devotion, or liturgical practice characteristic of the other, but implies that each believes the other to hold all the essentials of the Christian Faith.[152]

Hier bricht die Korrespondenz von De los Reyes etwa für einen Monat ab. De los Reyes befand sich zu dieser Zeit auf seiner Reise über Indien nach

---

150 IFI Archives (SATS), OM 1.4, Apr.–Sept. 1964, Box 20, Bayne – De los Reyes, 23. April 1964.

151 IFI Archives (SATS), OM 1.4, Apr.–Sept. 1964, Box 20, Bayne – De los Reyes, 23. April 1964; es handelt sich wohl um den gleichen Brief, mit dem Bayne De los Reyes seinen Bericht über die Ökumene in Südost-Asien hat zukommen lassen.

152 IFI Archives (SATS), OM 1.4, Apr.–Sept. 1964, Box 20, Norman Alfred Lesser – De los Reyes, 29. April 1964.

Europa. Welche Auswirkungen diese Reise hatte, lässt sich jedoch verschiedenen Dankesbriefen von De los Reyes entnehmen. So schreibt De los Reyes an Kanoniker Bernard C. Pawley in Rom:

> One of the capital highlights of my trip to Europe has been the visit to Cardinal Augustin Bea which you arranged so effectively. I shall remember it as long as I live. It is my feeling that religious conditions in the Philippines may change for the better due to that memorable interview with the German Jesuit Cardinal, and possibly the Filipino Cardinal may decide to deal with us not as rivals, but as allies through the wise influence of Cardinal Bea.[153]

Auf ähnliche Art und Weise bedankt sich De los Reyes am gleichen Tag auch beim Erzbischof von Canterbury für die Konferenz des „Wider Episcopal Fellowship" sowie für den Kelch, den er bei dieser Gelegenheit von Erzbischof Ramsey erhalten durfte.[154] Die Teilnahme von De los Reyes am „Wider Episcopal Fellowship" führt auch zu Neugierde in Australien. Von dort schickt Pfarrer Broadfield De los Reyes einen Brief mit Fragen bezüglich eines für sein Dekanat („Archdeaconry") zu haltenden Vortrages über die IFI. Dabei geht es unter anderem um Fragen die ökumenischen Beziehungen der IFI betreffend:

> E) I believe that while you were in Great Britain for the conference of the Wider Episcopal Fellowship you signed a Concordat with the Church of England. Does it mean that after each member Church of the Anglican Communion has agreed that it wishes to come into full communion with your Church that you and the head of

---

153 IFI Archives (SATS), OM 1.4, Apr.–Sept. 1964, Box 20, De los Reyes – Bernard C. Pawley, 16. Mai 1964. Auch De Achútegui reagiert auf diesen Besuch, allerdings äusserst vorsichtig und zurückhaltend, s. IFI Archives (SATS), OM 1.4, Apr.–Sept. 1964, Box 20, De Achútegui – De los Reyes, 28. Mai 1964. Im August 1964 gibt es Spekulationen über einen Papstbesuch auf den Philippinen, wie Satterthwaite De los Reyes am 13. August 1964 schreibt; im gleichen Brief bedankt er sich auch für das *Filipino Missal* und das *Filipino Ritual* (s. IFI Archives [SATS], OM 1.4, Apr.–Sept. 1964, Box 20), am 19. August des gleichen Jahres schreibt Bayne an De los Reyes, dass ein Papstbesuch (laut Pawley) unwahrscheinlich sei. Sollte ein solcher tatsächlich stattfinden, dann sei, angesichts der empfindlichen Beziehung zwischen den beiden Kirchen, nur ein privates Treffen mit dem Pontifex denkbar.

154 IFI Archives (SATS), OM 1.4, Apr.–Sept. 1964, Box 20, De los Reyes – Ramsey, 16. Mai 1964; Ramsey erwidert den Dank am 21. Mai (am gleichen Ort). Ähnliche Briefe werden von Bayne an De los Reyes geschickt (25. Mai 1964), wie auch von Pawley (11. Juli 1964) und David Tustin („Assistant General Secretary" des „Church of England Council on Foreign Relations") in seinem Namen und im Namen von Satterthwaite (28. Mai 1964).

the Church concerned officially in each other's presence sign the deed of full communion? In the case of the Church of England does that mean that the Archbishop of Canterbury and the Archbishop of York sign with you, or just the Archbishop of Canterbury? I have been told that the Scottish Church is also in full communion with the Iglesia Filipina Independiente. What about the Church in Wales and Ireland?

F) What is the position in regard to the Old Catholic Churches, the Lusitanian Church of Portugal and the Spanish Reformed Episcopal Church in regard to Concordats?[155]

Ebenfalls nach der Konferenz des „Wider Episcopal Fellowship" schreibt Bischof Santos Molina von der spanischen Kirche an De los Reyes und bestätigt den Empfang einer Resolution des „Supreme Council of Bishops" der IFI, welche wohl die Feststellung kirchlicher Gemeinschaft mit der spanischen Kirche beinhaltete,[156] denn weniger als einen Monat später antwortet der Bischof der spanischen Kirche De los Reyes Folgendes:

Estoy incluyendo aquí un documento, en forma de carta circular, que se refiere al establecimiento formal de nuestro estado de plena comunión. He enviado este documento a otros cuatro Arzobispos, con los cuales hablé allá en Londres, que son los de Gales, Esocia, Utrecht y Africa del sur. Ellos recibirán este documento y obrarán luego en consecuencia. Es cabalmente lo que espero usted.

Pero entre nosotros habrá otros lazos de relación, aún más íntimos, y es que como usted sabe, nuestro deseo y nuestro placer es que uested venga a ser uno de los Obispos que formen parte del Consejo Provisional de Obispos de mi Iglesia, y de la Iglesia Lusitana. Tengo entendido que el Obispo Pereira entregó los documentos al Arzobispo McCann, de Armagh. ¿Tiene usted alguna noticia sobre esto ?. Le agradeccería dque me dijese algo. Y como sobre esto sé que estmos de acuerdo, ya no le digo pro ahora más.[157]

---

155 IFI Archives (SATS), OM 1.4, Apr.–Sept. 1964, Box 20, Broadfield – De los Reyes, 21. Mai 1964. Die Antwort von De los Reyes ist in den Archiven der IFI leider nicht erhalten, es gibt aber einen weiteren Brief von Broadfield vom 19. Juli 1964, worin er weitere Fragen stellt, z.B. betreffend die Beziehung zum „episcopus vagans" Paolo Miraglia Gullotti sowie über die Zukunft der sich überschneidenden Jurisdiktionen in den Philippinen. Wird die Episkopalkirche in die IFI integriert werden? Das sei aus der Sicht von Broadfield finanziell nicht machbar.

156 IFI Archives (SATS), OM 1.4, Apr.–Sept. 1964, Box 20, Martin Santos Molina Sr., Bischof der *Iglesia Española Reformada Episcopal* – De los Reyes, 22. Mai 1964.

157 IFI Archives (SATS), OM 1.4, Apr.–Sept. 1964, Box 20, Santos Molina Sr. – De los Reyes, 15. Juni 1964.

Andere Beziehungen finden ebenfalls Ausdruck in Briefen, wie z.B. in einem freundschaftlichen Brief von Bischof Luis C.R. Pereira (Villa Franca de Xira) der portugiesischen Kirche an De los Reyes[158] sowie in einem Brief eines anglikanischen Geistlichen, der De los Reyes Gemeinschaft mit der „Church of England in Australia" in Aussicht stellt.[159]

4.2.2. Endlich auch die Altkatholiken – mit einem Umweg über Kanada

Im Kontext dieser Entwicklungen stellt De los Reyes noch im Sommer 1964 ein formelles Gesuch um kirchliche Gemeinschaft an die altkatholischen Kirchen der Utrechter Union, wie er Bayne, der ihn diesbezüglich beraten hatte, umgehend berichtet.[160] De los Reyes befindet sich zur gleichen Zeit weiterhin in Korrespondenz mit der Kirche von Kanada, die noch immer die angedachten gemeinsamen Feiern durchführen möchte,[161] welche für die Beziehungen

---

158 IFI Archives (SATS), OM 1.4, Apr.–Sept. 1964, Box 20, 15. Juli 1964.

159 IFI Archives (SATS), OM 1.4, Apr.–Sept. 1964, Box 20, Rev. D[udley]. Foord, St. Thomas' Church of England, Kingsgrove NSW, Australia – De los Reyes, 27. Juli 1964; sie waren sich offenbar in Manila begegnet; Foord äussert sich folgendermassen über die zu erwartende weitere Entwicklung der Beziehung zwischen ihren beiden Kirchen: „You will recall that you asked me to take up the matter with our Primate, Archbishop Hugh Gough, concerning the possibility of establishing full communion between the Australian Anglican Church and your Church. His Grace assures me that the matter is well in hand. Formally it has to be dealt with at the next General Synod of the Australian Church which does not now meet until 1966 so, in effect, nothing can be done before then. This may seem a long period but I'm sure it will soon pass by and then our General Synod will deal formally with the matter."

160 Vgl. IFI Archives (SATS), OM 1.4, Apr.–Sept. 1964, Box 20, De los Reyes – Bayne, 10. August 1964: „Five minutes after receiving your wise and affectionate letter concerning the Old Catholics, I forwarded to His Grace a letter along the lines of your advice seeking a concordat of full communion bases upon the terms of the Bonn Agreement. Of course, a copy was sent to you."

161 Vgl. IFI Archives (SATS), OM 1.4, Apr.–Sept. 1964, Box 20, Clark – De los Reyes, 23. September 1964; Clark kündigt seine Reise in die Philippinen am 10. Dezember 1964 an. Er wird in Begleitung von Kanoniker A.H. Davis (Generalsekretär des „Missionary Council" der kanadischen Kirche) und Kanoniker W.E. Hobbs („Director of the Department of Information and Stewardship"), Mr. F.H. Wooding („Supervisor of Information") und Frau Clark reisen. Vgl. auch IFI Archives (SATS), OM 1.4, Jan.–Mai 1965, Box 22, De los Reyes – Clark, 12. Januar 1965. S. weiter: IFI Archives (SATS), OM 1.4, Jan.–Mai 1965, Box 22, Clark – De los Reyes, 15. Januar 1965: Clark schlägt De los Reyes einen Besuch in Kanada für August/September des laufenden Jahres vor;

zu den Altkatholiken noch von Bedeutung sein werden. Zudem wird er von der irischen anglikanischen Kirche eingeladen, Mitglied eines Bischofsrates für die beiden iberischen Kirchen zu werden. De los Reyes antwortet allerdings eher zurückhaltend.[162]

Auch in Manila tut sich Einiges, wovon die Besuche des Metropoliten De Mel (Calcutta, Indien) und des *Presiding Bishop* Hines (Episkopalkirche in den USA) zeugen.[163] Weitere Abkommen mit der anglikanischen Kirche kommen

---

s. ebenso IFI Archives (SATS), OM 1.4, Jan.–Mai 1965, Box 22, Davis – De los Reyes, 18. Januar 1965: De los Reyes erhält einen Scheck über USD 500,- für die Nationalkathedrale; s. weiter: IFI Archives (SATS), OM 1.4, Jan.–Mai 1965, Box 22, De los Reyes – Davis, 29. Januar 1965: De los Reyes bestätigt den Empfang und dankt. S. weiter auch IFI Archives (SATS), OM 1.4, Jan.–Mai 1965, Box 22, Clark – De los Reyes, 20. Januar 1965 und 4. Juni 1965: Die Generalsynode Kanadas beginnt am 25. August, De los Reyes sollte spätestens am 24. August eintreffen. S. auch IFI Archives (SATS), OM 1.5, Juni–Sept. 1965, Box 23, De los Reyes – Clark, 16. Juni 1965: De los Reyes bestätigt seine Reise, er wird mit dem gleichen Flugzeug wie Metropolit De Mel (Calcutta) in Begleitung von Bischof Diel am 24. August 1965 in Vancouver ankommen. Vgl. weiter: IFI Archives (SATS), OM 1.5, Juni–Sept. 1965, Box 23, Alicia A. Atkinson – De los Reyes, 30. Juli 1965, sie schickt ihm sein kanadisches Itinerar. Weitere Details der Reise werden in der folgenden Korrespondenz besprochen: IFI Archives (SATS), OM 1.4, Jan.–Mai, 1965, Box 22, Clark – De los Reyes, 15. Januar 1965; Davis – De los Reyes, IFI Archives (SATS), OM 1.4, Jan.–Mai 1965, Box 22, 9. März 1965, Clark – De los Reyes, 19. März sowie 1. April 1965 und Clark – De los Reyes, 8. April 1965; De los Reyes – Clark, 21. April 1965; IFI Archives (SATS), OM 1.4, Jan.–Mai 1965, Box 22, Kanoniker Charles Bishop – De los Reyes, 7. Mai 1965, idem – idem, 20. Mai 1965; IFI Archives (SATS), OM 1.4, Jan.–Mai 1965, Box 22, De los Reyes – Clark, 25. Mai 1965, vgl. weiter: IFI Archives (SATS), OM 1.5, Juni–Sept. 1965, Box 23, Bischof G.B. Snell (Koadjutor im Bistum Toronto) – De los Reyes, 10. August 1965, IFI Archives (SATS), OM 1.5, Juni–Sept. 1965, Box 23, Kanoniker Bishop – De los Reyes, 11. August 1965 wie auch am 10. August 1965 und am 13. August 1965 W.E. Askew – De los Reyes.

162 IFI Archives (SATS), OM 1.4, Jan.–Mai 1965, Box 22, De los Reyes – Charles Gray-Stack, Kenmare, Kerry, Ireland, 26. Januar 1965: „This is to acknowledge your letter without date relative to the Churches of Bishops Pereira and Santos Molina. For a time I have been aware of plans for such a Committee do deal with matters on the ‚Wider Episcopal Fellowship'. Of course, you may rest assured that as long as I am alive, I shall ever be ready to accept any position in any such Committees. I must advance the information, however, that I will not be any great asset, due to the distances between the Philippines and the Iberian Churches, and also due to my meager information about their doctrinal and liturgical position (…)"

163 IFI Archives (SATS), OM 1.4, Jan.–Mai 1965, Box 22, Basil Manuel (Archdeacon of Calcutta) – Helen Boyle (Sekretärin von Bischof Ogilby), Quezon City, 31. Mai 1965:

zustande, je nach Frequenz der Provinzialsynoden der betroffenen Kirchen.[164] Interessant ist dabei ein Brief eines der anglokatholischen Korrespondenten von De los Reyes, Harry W. Oborn, der De los Reyes unter anderem Folgendes fragt:

> We in the Episcopal Church are most happy that full communion has been established between your Church and ours. We are also happy that you have established Communion with eighteen other national Churches, most of which you state are members of the Anglican Communion. What Churches outside of the Anglican Communion have you established full Communion with? Have you done so with any of the Old Catholic Churches of Europe? I am most anxious to see that accomplished, if it has not already been done, and I am anxious to see the Old Catholic Churches take part in the consecration of some of your new bishops in the future. Also, have you accomplished full Communion with the Spanish Church and Episcopal Churches in Portugal?[165]

Eine Antwort auf diese Fragen ist z.T. zu finden in einem Brief des Erzbischofs von Utrecht, Andreas Rinkel, an De los Reyes:

> According to your letter of August 10, 1964, in which you are proposing a concordat of full Communion between your Church and the Old Catholic Churches of the Union of Utrecht, I may remember you that we intend to have our International Congress of Old Catholics in Vienna from Wednesday 22. September 1965 till Saturday 25 Sept. On the days Tuesday and Wednesday 21 and 22 Sept the Conference of Old Catholic Bishops will come together in Vienna, where the question of the concordat of full communion will be considered.
>
> We hope that it will be possible that your Church should send a representative with full authority, in the case that the Bishops' Conference might need your information for this important matter.
>
> I suppose that you have already received a general invitation to the Congress. With this letter I may invite your representative(s) on behalf of the Bishops' Conference. If it might not be possible for your representation to be already in Vienna at Wednesday, it will be, of course, possible to have a meeting with your representative during one of the days of the Congress itself, on 23, 24 or 25 September.

Metropolit De Mel wird Manila vom 18.–24. August des gleichen Jahres besuchen; vgl. auch IFI Archives (SATS), OM 1.5, Juni–Sept. 1965, Box 23, Ogilby – Hines, 4. Juni 1965, bezüglich eines vorgesehenen Besuches von Letztgenanntem in den Philippinen.

164 Vgl. z.B. IFI Archives (SATS), OM 1.5, Juni–Sept. 1965, Box 23, Bayne – De los Reyes, 12. Juni 1964, Bayne weist darauf hin, dass nicht alle Provinzialsynoden anglikanischer Kirchen sich mit der gleichen Frequenz versammeln; De los Reyes wird deswegen etwas länger auf die Abkommen mit den Kirchen von z.B. Australien und Wales warten müssen.

165 IFI Archives (SATS), OM 1.5, Juni–Sept. 1965, Box 23, Oborn – De los Reyes, 5. Juni 1965.

The Bishops of the Intern. Conference look forward with great desire to meet your representative(s) and are praying that the proposed concordat may come into existence, and that we may thank God almighty with the words of the Psalm: Haec est dies quam fecit Dominus![166]

De los Reyes erhält diese Einladung aber erst nach seiner Zusage, für die Feiern anlässlich der Feststellung der kirchlichen Gemeinschaft mit der anglikanischen Kirche Kanadas nach Kanada zu reisen, deren Planung nun endlich zustande gekommen ist. Er möchte Rinkel deswegen absagen. Bayne, der auf dem Laufenden gehalten wird, versucht darum, De los Reyes dazu zu bewegen, sich anders zu entscheiden:

Thank you for your letter of July 21st, and the copies of your correspondence with Archbishop Rinkel. Is there any possible way in which you could reverse your decision, with respect to the International Congress of Old Catholics in Vienna? I have the feeling that attendance by yourself – at least for the two days of the conference of Old Catholic Bishops, September 21st and 22nd, might be of very high importance. I should be glad to undertake to meet any additional expenses involved, if you felt that you could make yourself free to go; and perhaps one of my colleagues here would be able to go with you, which would help to illustrate our full communion.

Of course I do not know what schedule may have been planned for you in Canada. But I would regard this opportunity to meet with the Old Catholic Bishops when a possible concordat is being considered, as of high significance – enough to justify running away from Canada for at least three or four days, if nothing more than that.

If I could guarantee the additional expense, and if, say, Bishop Scaife could be free to go with you, would you be willing to reconsider, and try to be in Vienna for at least September 21st and 22nd? This is entirely private to you, for of course you must make the decision. But I am eager to help in what I think is a right decision.[167]

De los Reyes lässt sich tatsächlich von Bayne überzeugen und beginnt, seine Reisepläne zu ändern, wie er nach Kanada schreibt:

---

166 IFI Archives (SATS), OM 1.5, Juni–Sept. 1965, Box 23, Rinkel – De los Reyes, 16. Juni 1965. S. auch IFI Archives (SATS), OM 1.5, Juni–Sept. 1965, Box 23, Pamela Bird (Sekretärin von Bischof Ralph S. Dean, Nachfolger von Bayne als Executive Officer des „Advisory Council on Missionary Strategy – The Consultative Body of the Lambeth Conference") – De los Reyes, 27. Juli 1965; im Brief wird De los Reyes für die Übermittlung von Kopien seiner Korrespondenz mit Rinkel gedankt.

167 IFI Archives (SATS), OM 1.5, Juni–Sept. 1965, Box 23, Bayne – De los Reyes, 28. Juli 1965.

This is an appeal to your understanding heart! Both round tickets for Bishop Diel and myself from Manila to Canada are perfectly in order and both are ready to proceed as per your instructions. However, the following developments need some attention from Your Grace.

Short days ago, the Archbishop of Utrecht, Dr. Andreas Rinkel, of the Old Catholic Churches in Europe, has extended a most enthusiastic invitation to me to attend the International Congress of the Old Catholics to be held in Vienna next September 21-22, for the consideration and approval of a Concordat of full communion between the Old Catholic Churches and the Phil. Independent Church. Due to lack of funds and my previous commitments to Your Grace, I declined with real regret such wonderful chance to promote the Ecumenical Movement in these parts of the world. But today I received from our common friend, Bishop Stephen F. Bayne, Jr., a marvelous letter a copy of which is enclosed and which guarantees additional funds to enable me to be in Vienna on September 21st. And here is where I need to enlist your understanding heart.

Will your Grace approve some changes in our Canadian itinerary to make it possible to make arrangements to depart from Canada for Vienna via New York by two or three days before September 21st? At all events such changes will keep Bishop Diel and myself in Canada for whatever activities for about three full weeks.[168]

Bischof Bayne freut sich entsprechend, instruiert De los Reyes aber zugleich, dass er allein und ohne den ihn begleitenden Bischof Camilo C. Diel reisen solle („such trips are expensive, as you know"), und dass Bischof Scaife von Western New York zur Unterstützung und Begleitung auch nach Wien reisen werde.[169] Die Kongressorganisation in Wien war inzwischen auch informiert worden und richtet sich durch Dr. Elfriede Kreuzeder an De los Reyes:

With the greatest pleasure we learned about your coming to Vienna for our congress. At the same time I had a letter from Bishop Zielinski, Polish National Catholic Church in Buffalo, who also informed us about your and Bishop Scaife's visit. Today I also have written to my good friend Bishop Scaife suggesting that he should make hotel reservations also for you with the American Express. It is a little bit difficult

---

168 IFI Archives (SATS), OM 1.5, Juni–Sept. 1965, Box 23, De los Reyes – Clark, 2. August 1965. Vgl. weiter auch 3. August 1965 De los Reyes – Dean, berichtet über die Änderung seiner Reisepläne, vgl. auch IFI Archives (SATS), OM 1.5, Juni–Sept. 1965, Box 23, De los Reyes – Davis, 4. August 1965, mit Informationen über die angepassten Reisepläne.

169 IFI Archives (SATS), OM 1.5, Juni–Sept. 1965, Box 23, Bayne – De los Reyes, 6. August 1965, vgl. auch IFI Archives (SATS), OM 1.5, Juni–Sept. 1965, Box 23, Bayne – De los Reyes, 9. August 1965.

to do it from here as we do not know how long you want to stay etc. May I ask your Grace to contact Bishop Scaife immediately to get all arrangements set in time?[170]

Bevor De los Reyes aber abreist, erhält er noch eine erfreuliche Nachricht aus Australien, denn Broadfield schreibt ihm:

Our Diocesan Synod will be meeting early in September and I have a motion on the business paper similar to the one passed by the Provincial Synod of the Province of Queensland. Seeing that I have become very attached to your Church through letters from yourself, Bishop Pagtakhan, Fr. Chandlee, Dean Mandell and others, I thought it was up to me to make an effort to put before our representatives the position your Church holds in this part of the world. I am not a representative to General Synod, but I will do my part in this Synod to further understanding and knowledge, so that our General Synod people will be able to press for a concordat of full communion. You will hear later what happens from me and if the motion is passed from the Secretary of Synod too.[171]

Das Treffen in Wien, an dem De los Reyes und Scaife tatsächlich teilnehmen, erwirkt, wie erhofft, innerhalb kürzester Zeit die Feststellung kirchlicher Gemeinschaft zwischen den altkatholischen Kirchen der Utrechter Union, der IFI und auch den spanischen und portugiesischen Kirchen. Am Treffen werden diese Feststellungen als Teil der Dynamik des „Wider Episcopal Fellowship" gesehen[172] – der Präsident der IBK, Erzbischof Rinkel, präsentiert das Anliegen der philippinischen, portugiesischen und spanischen Kirchen im Kontext eines Berichtes über das „Wider Episcopal Fellowship", was durchaus mit den Angaben aus der Korrespondenz von De los Reyes übereinstimmt. Der niederländische Bischof Petrus J. Jans präsentierte an der Sitzung der IBK unter dem genannten Traktandum geschichtliche und theologische Darstellungen der drei Kirchen, ausgehend von ihren formellen Stellungnahmen und Bekenntnisdokumenten. Zudem hatte es direkte Kontakte und Gespräche zwischen Vertretern der spa-

---

170 IFI Archives (SATS), OM 1.5, Juni–Sept. 1965, Box 23, Dr. Elfriede Kreuzeder (Sekretärin des lokalen Kongresskomitees) – De los Reyes, 12. August 1965.
171 IFI Archives (SATS), OM 1.5, Juni–Sept. 1965 Box 23, Broadfield – De los Reyes, 14. August 1965.
172 S. das Protokoll der Sitzung der Internationalen Bischofskonferenz vom 21.–24. September 1965 (Bischöfliches Archiv, Bern, IBK-Protokolle, *ad loc.*, 1-3); während der Sitzung, stellte der Erzbischof von Utrecht, Rinkel das Gesuch der IFI und der spanischen und portugiesischen Kirchen vor, ein (Inter)Kommunionsabkommen mit den altkatholischen Kirchen der Utrechter Union zu schliessen. Rinkel macht seine Aussagen im Kontext seines Berichtes über „the Wider Episcopal Fellowship" von 1964.

nischen und portugiesischen Kirchen und altkatholischen Bischöfen gegeben.[173] Die IBK-Bischöfe stellten anhand dessen fest, dass es kirchliche Gemeinschaft zwischen den drei genannten Kirchen und den Kirchen der Utrechter Union gebe. Diese Entscheidung vom 21. September 1965 wird am Tag darauf den drei betroffenen Bischöfen, nebst De los Reyes noch Molina und Pereira, mitgeteilt. Eine kurze Diskussion beseitigt letzte (Detail-)Fragen, und die Abkommen werden unterschrieben und am anschliessenden Altkatholikenkongress bekannt gegeben. Im Kongressbericht wird dies folgendermassen festgehalten:

> Bekanntgabe der Unionskonkordate
> Im Anschluss an die Wahlen des Kongreßbüros gab der Erzbischof von Utrecht und Ehrenprimas der Alt-katholischen Kirchengemeinschaft, Dr. Andreas Rinkel, unter dem grossen Beifall der Kongressmitglieder bekannt, dass die Internationale Alt-katholische Bischofskonferenz in ihrer Sitzung am 22. September 1965 in Wien ein Unionskonkordat mit den autonomen katholischen Kirchen der Philippinen, Spaniens und Portugals nach dem Vorbild der Bonner Unionsvereinbarung von 1931 zwischen den Alt-katholischen und Anglikanischen Kirchen abgeschlossen habe. In einem feierlichen Akt übergab Erzbischof Dr. A. Rinkel die Urkunden des Konkordates den anwesenden Oberhäuptern der drei Kirchen, Dr. Isabelo de los Reyes (Manila), Oberster Bischof der Philippinischen Unabhängigen Kirche, Santos Martin Molina (Madrid), Bischof der Spanischen Reformierten Episkopalkirche und Dr. Luis C. Rodrigues Pereira (Villa Franca de Xira), Bischof der Lusitanisch-Katholischen Apostolisch-Evangelischen Kirche, die als bevollmächtigte Repräsentanten ihrer Kirchen zum Abschluss des Konkordates nach Wien gesandt worden waren.[174]

Es bleibt in dieser Zeit für die IFI allerdings nicht nur beim Abkommen mit den Altkatholiken. Kurz nach dem Treffen in Wien teilt Broadfield, der australische Korrespondent von De los Reyes, mit, dass seine Provinzialsynode eine Resolution mit folgendem Inhalt angenommen hat:

> This Synod looks forward to the time when it will be possible for the Church of England in Australia to enter into full communion with the Philippine Independent Church, and expresses the hope that steps will be taken at the next meeting of General Synod.[175]

---

173 Vgl. Rein, *Kirchengemeinschaft,* I, 409-411.

174 Ernst Kreuzeder (Hrsg.), *Bericht über den XIX. Internationalen Altkatholiken-Kongreß* (Wien: Hollinek, 1965), 11-12.

175 IFI Archives (SATS), OM 1.5, Juni–Sept. 1965 Box 23, Broadfield – De los Reyes, 25. September 1965. Vgl. auch: IFI Archives (SATS), OM 1.5, Okt. 1965–April 1970, Box 24, V.K. Brown (General Board of Religious Education, Australia) – De los Reyes, 8. November 1965, mit der Bitte um Adressen der IFI und eine Liste von

Nach dem Abschluss des Abkommens der IFI mit den Altkatholiken und dem Rückkehr von De los Reyes aus Wien, kommentiert Bischof Scaife die Ereignisse folgendermassen:

> What a wonderful time we had in Vienna and what a marvelous traveling companion you are! I am so happy that everything worked out satisfactorily with the Concordat, and if I was of any help to you in the whole matter, which I most certainly wanted to be, I am very thankful.[176]

Etwas vorsichtiger äussert sich ein anderer bedeutsamer ökumenischer Korrespondent von De los Reyes, Bischof Robert F. Gibson, Jr., von der Diozöse Virginia:

> I have just had the pleasure and privilege of attending an interesting meeting with some of the Anglican Church of Canada unity leaders and some of the Episcopal Church in the U.S.A. At this meeting I heard much about your visit in Canada as well as about the most most (sic) successful meeting with the Old Catholics in Europe. You certainly made a good and lasting impression with both groups on behalf of the Philippine Independent Church. It is truly wonderful that the PIC is now so widely recognized and so fully accepted.

> At the same time I picked up one matter of diplomatic gossip which I believe I should share with you in confidence in case you might like to correct a slight misunderstanding following your visit with the Old Catholics.

> Apparently you were very exhausted in Europe and you left hurriedly in order to begin your return to the Philippines. In this I am certainly sympathetic with you and believe that everybody else should be. Archbishop Rinkel of Utrecht, however, intimated to someone (I do not know to whom) that you had failed to do him the proper courtesy of diplomatic thanks and good-byes.

Kirchen, die schon ein Konkordat mit der IFI haben, zum Zwecke der Vorbereitung auf die Generalsynode von 1966.

176 IFI Archives (SATS), OM 1.5, Okt. 1965–April 1970, Box 24, Scaife – De los Reyes, 18. November 1965, Scaife gibt De los Reyes auch weitere Hinweise: „A letter addressed to you from a Right Rev. John A. Chiasson, Chancellor of the American Orthodox Catholic Church, has been referred to me by Bishop Ogilby. May I say that this is not a Church which is recognised by the Episcopal Church of the United States. I have known the so-called ‚Archbishop' Propheta for many years as he was a canonical priest in the jurisdiction of the Ukarainian Orthodox Church, whose Archbishop, the Most Rev. Bohdan, died last week. However, Propheta's so-called ‚Consecration' as an Archbishop in the American Catholic Church was, to the best of my knowledge, uncanonical and hence no recognition of the church he heads is indicated at this time. I know nothing about Chiasson, as to the canonicity or validity of his ordination, but if he is related to Propheta, I have my doubts as to his standing."

Archbishop Rinkel ... is profoundly important figure as the Presiding Officer of all of the Old Catholics, and I am personally a little worried over whether he may have misunderstood your departure and the good reasons for it. I suggest, therefore, that you may want to consider a letter at your convenience, in which you would not only give all the proper thanks, but in which you would say something about your own physical exhaustion and the fact that you were concerned as to whether you had succeeded in conveying all of the proper courtesies at the time of your departure.[177]

Zur besseren Information der Altkatholiken in Europa über die IFI wurde in Wien vereinbart, dass De los Reyes einige Beiträge für altkatholische Zeitschriften liefern solle, für die sich Kreuzeder Anfang des Jahres 1966 bedankt:

Let me first thank you ... for the wonderful contributions for our church-magazines. The articles and pictures are really excellent and I am sure that our readers will highly enjoy the issue concerning our beloved sister-church of the Philippines. We shall dedicate the whole May-issue (sic) to this interesting subject![178]

Inzwischen wird auch das Konkordat mit der „Church of the Province of East Africa" abgeschlossen.[179]

4.2.2.1 Kontakte zwischen der Utrechter Union und der IFI in den Jahren nach dem Abkommen

Aus den Jahren nach Abschluss des Interkommunionsabkommens mit den Altkatholiken lassen sich anhand des Materials aus den Archiven der IFI noch vereinzelte Kontakte dokumentieren. So gibt es Korrespondenz über die altkatholische Präsenz bei der Einweihung der neuen nationalen Kathe-

---

177 Vgl. IFI Archives (SATS), OM 1.5, Okt. 1965–April 1970, Box 24, Gibson – De los Reyes, 19. November 1965; IFI Archives (SATS), OM 1.5, Okt. 1965–April 1970, Box 24, Tustin – De los Reyes, 2. April 1966, u.a. mit der folgenden Mitteilung: „Canon Satterthwaite told us that he had seen you again recently during the International Old Catholic congress in Vienna last autumn, when further Concordats of Full Communion were signed."

178 Vgl. IFI Archives (SATS), OM 1.5, Okt. 1965–April 1970, Box 24, Kreuzeder – De los Reyes, 22. Februar 1966.

179 IFI Archives (SATS), OM 1.5, Okt. 1965–April 1970, Box 24, Erzbischof Beecher teilt De los Reyes am 16. Oktober 1967 mit, dass seine Kirchenprovinz mit der IFI in Gemeinschaft treten möchte, am 25. Oktober des gleichen Jahres schickt er De los Reyes zwei unterzeichnete Exemplare des Abkommens zu, wovon De los Reyes eines unterschrieben zurücksendet, wofür Beecher sich am 2. November bedankt, s. den Brief in IFI Archives (SATS), OM 1.5, Okt. 1965–April 1970, Box 24,. Das Exemplar von De los Reyes befindet sich mit der Korrespondenz im Archiv.

drale der IFI im Jahre 1969 (mitsamt der Weihe von drei neuen Bischöfen). Hierbei ist auffällig, dass diese Präsenz ganz polnisch-katholisch gewesen war (übrigens unterscheiden anglikanische Korrespondenten in dieser Zeit durchgehend zwischen den Polnisch-Katholiken und den europäischen Altkatholiken).[180] Wohl um Missverständnisse zu vermeiden, schreibt Rinkel De los Reyes den folgenden Brief:

> Herewith Undersigned, Dr. Andreas Rinkel, Archbishop of Utrecht, declares that the Right Rev. Thaddaeus ZIELINSKI, Bishop of the Western Diocese, See at Buffalo, N.Y., of the Polish National Catholic Church of America, attending the celebrations of the Independent Philippine Church on May 29th ff. 1969, will take part in the consecrations of new elected bishops and of the new Cathedral, not only on the mandate of the mentioned Pol. Nat. Cath. Church, but also, and explicitly, as the representative of the Archbishop of Utrecht, President of the International Bishops' Conference, Bishop Dr. Urs Küry, the Secretary, and of the whole International Conference of Old Catholic Bishops of the Union of Utrecht.[181]

---

180 Vgl. z.B. IFI Archives (SATS), OM 1.5, Okt. 1965–April 1970, Box 24, De los Reyes – Zielinski, 1. Februar 1969; De los Reyes freut sich über Zielinski's Anwesenheit bei der Weihe der neuen Kathedrale und einiger neuer Bischöfe, und „In answer to your question, I must confess that I have not written to Archbishop Rinkel nor anyone Bishop of the Old Catholic Communion except your gracious self, due to the tone of the letter from Bishop Scaife in which he assured me that he will finance and send to us one bishop of the Old Catholic Communion. Honestly we thought that you were to be his gift to our coming historic event. Incidentally, Bishop Scaife has already written me that he finds it impracticable to attend to our consecration of Bishops and Cathedral. We have been in the belief that Bishop Scaife was to take charge of the attendance of one Old Catholic Bishop, and we were reluctant to offend Bishop Scaife by asking for details about this one Old Catholic Bishop. As for the invitation to Bishop Majewski, who according to your letter has travel expenses paid, I will seek tonight the opinion of my episcopate and lay leaders about this. I feel highly optimistic that my people will favor enthusiastically the invitation to Bishop Majewski, and once I learned their official decision on the matter I will forward a formal invitation to that noble Apostle of God." Vgl. auch IFI Archives (SATS), OM 1.5, Okt. 1965–April 1970, Box 24, De los Reyes – Zielinski, 22. April 1969: „We all pray and hope that Bishop Majewski shall come, and that you may participate in the consecration of the Cathedral and the three new bishops as representing both the Archbishop Rinkel and your Primate the Most Rev. Leon Grochowski. You will be making history here!"

181 IFI Archives (SATS), OM 7.1, 1918–1969, Box 39, Folder 124, Rinkel – „Omnibus has lecturis salutem in Domino!", 19. April 1969.

Diese Korrespondenz dauert jedoch mit Sicherheit bis zum Ende der Amtszeit von Rinkel (1970) und bis zum Tode von De los Reyes, Jr. (1971) an, denn 1970 schreibt Erzbischof Rinkel *Obispo Maximo* De los Reyes noch den folgenden Brief:

My very dear Prime Bishop

Today I received your letter of May 20, telling me about the two bishops (or one bishop and one priest), who are assigned to attend the Congress at Bonn in the case the German government will be so generous to stand to this promise of paying the costs of travelling etc. In the mean time I heard from Bishop Brinkhues in Bonn that there is up to now not given a definite promise, but because there is not yet given a definite ,no', there is still hope that it may become a ,yes'. Therefore, I forward your letter at once to Bishop Brinkhues who with his committee has all the regulations in his hand and surely will inform you as soon as he is sure that the invitation will be maintained. – I fully understand that it is impossible for your church to pay all these tremendous costs itself.

With great gratitude I read that your health is better now and that you will go on with your great work and office for some years, Deo Volente. Deo gratias!

In the week before we had here in Holland, in the Seminary at Amersfoort, our International Bishops' Conference, where I had the opportunity to read your last letter to the member-bishops. They asked me urgently to send you their warmest greetings and best wishes for your total restoring and to assure you of their prayers. I think you will value this the more as this request was made by our mutual friend Bishop Zielinski, whom we were so happy to have with us.

I think that I will still have one such Conference, as my last international duty as chairman, during the Congress in Bonn. And afterwards, I suppose in November, I will hand over my office to my Coadjutor Bishop Marinus KOK, being myself at that time, if God grants it to me, nearly 82. Satis est!

With my warmest wishes and fervent prayers,
Yours devoted and affectionate

Sgd. „+Andreas Rinkel"
Archbishop of Utrecht
(Dr. Andreas Rinkel)[182]

---

182 IFI Archives (SATS), OM 1.5, Okt. 1965–April 1970, Box 24, Rinkel – De los Reyes, 6. Mai 1970.

5. Schlussfolgerungen

Aufgrund der obigen Dokumentation können die folgenden Schlussfolgerungen gezogen werden.

Erstens: Es zeigt sich mit einer gewissen Klarheit der Weg, den die IFI zurücklegt, bzw. zurücklegen muss, um zur angestrebten Gemeinschaft mit der Episkopalkirche zu gelangen. Ein erster Schritt ist die Neuverfassung der Bekenntnisdokumente und der Verfassung der Kirche, aufgrund derer die Episkopalkirche der IFI eine reguläre Form des Amtes in der apostolischen Nachfolge übertragen kann (1947, bzw. 1948). Der zweite Schritt besteht darin, die wohl nicht vorhergesehenen juristischen Streitigkeiten mit der Fonacier-Gruppe zu beenden (1955). Darauf folgt ein dritter Schritt: die Erneuerung der Liturgie der IFI, welche 1961 mit der Veröffentlichung des *Filipino Missal* und des *Filipino Ritual* ihren Abschluss findet. Zusammen mit dem wohl für Propaganda-Zwecke verfassten Buch von Whittemore und den entsprechenden Anträgen der IFI und der philippinischen Episkopalkirche führt dies Ende des Jahres 1961 zur Feststellung kirchlicher Gemeinschaft mit der US-amerikanischen Episkopalkirche (und dadurch auch mit ihrer Jurisdiktion auf den Philippinen). (Dabei hofft ein zentraler „Spindoctor" der anglikanischen Ökumene, Bischof Bayne, ganz deutlich auf einen umfassenden Zusammenschluss der beiden Kirchen, eine Vision, die von De los Reyes geteilt wird.) Dies ist ein vierter Schritt. Wie aber von einigen Korrespondenten von De los Reyes, darunter der Erzbischof von Canterbury, angedeutet wurde, ist dies auch das Anfangssignal für einen fünften Schritt. Sobald das erste Abkommen zwischen einer anglikanischen Kirche und der IFI in Kraft tritt, werden sämtliche Kirchenprovinzen der anglikanischen Gemeinschaft eingeladen, dem Beispiel der Episkopalkirche zu folgen. In diesem Kontext wird die IFI ebenfalls eingeladen, an den Treffen der „Wider Episcopal Fellowship" teilzunehmen und von verschiedenen Seiten aufgefordert, auch mit den Altkatholiken Kontakt aufzunehmen. Entsprechende Abkommen mit diesem letzten Kreis unabhängiger katholischer Kirchen bilden den sechsten Schritt des Weges, welcher zwischen den Jahren 1947 und 1965 im Bereich der bilateralen Ökumene von der IFI zurückgelegt wird.

Zweitens: Es ist deutlich geworden, wie die ökumenische Strategie der IFI entwickelt wurde: Sowohl die Ziele, wie auch der Weg zu diesen Zielen und die dazu benötigten Ressourcen, theologisch wie auch materiell, wurden in engster Absprache mit anglikanischen Partnern abgesprochen, bzw. besorgt. Es scheint, dass De los Reyes, von sozialer Korrespondenz abgesehen, nahezu alles in Absprache mit Beratern wie Bayne, Mandell, Ogilby, Scaife oder Gibson unternimmt und sich von ihnen weitgehend sagen lässt, was zu tun ist.

Drittens: Aufgrund der hier berücksichtigten Korrespondenz kann ein deutlicheres Bild vom Verlauf der Kontakte mit den Altkatholiken, bzw. mit den europäischen Altkatholiken und der PNCC in den USA gezeichnet werden. Auf der einen Seite ist nun deutlich, wo diese Kirchen ihren Ort in der ökumenische Strategie der IFI haben, so wie sie von den anglikanischen Partnern (mit)bestimmt wurde: sie werden betrachtet als weitere unabhängige katholische Kirchen, die zum Kreis der „Wider Episcopal Fellowship" gehören und faktisch gleich behandelt werden wie Kirchenprovinzen der anglikanischen Gemeinschaft, d.h. es gibt keinen gesonderten Dialog, sondern es wird von der IFI eine Bitte um kirchliche Gemeinschaft gestellt und auf das Abkommen mit der Episkopalkirche verwiesen. Auf der anderen Seite lässt sich auch ein deutlicheres Bild der vorhandenen Beziehungen skizzieren. Hier gibt es im Vorfeld eine beschränkte Korrespondenz zwischen De los Reyes und Adolf Küry um die Weihen des Jahres 1948 herum, worin Küry schon zum Ausdruck bringt, dass die IFI aus seiner Sicht eine katholische Kirche ist. Weiter gibt es Kontakte mit der PNCC, besonders mit Bischof Zielinski, in denen ein hoher Verwandtschaftsgrad zwischen der PNCC und der IFI festgestellt wird, sowie verschiedene briefliche Kontakte von Erzbischof Rinkel mit der IFI (bzw. mit dem Erzbischof von Canterbury über die IFI), aus denen immer wieder hervor geht, dass die IFI und die Altkatholiken den gleichen Glauben haben. Zuletzt gibt es Kontakte im Sinne eines Informationsaustausches über die IFI durch die Vermittlung von Krahl und Heese, die die Verantwortlichen innerhalb der Utrechter Union sowie die Leserschaft der IKZ mit Informationen über die IFI versorgen.

Zum Schluss lässt sich die Entwicklung bezüglich der Altkatholiken vielleicht so formulieren, dass das Abkommen mit der IFI im Jahre 1965 eine weitere Feststellung kirchlicher Gemeinschaft aufgrund des Bonner Abkommens war, wie die IBK dies auch mit den verschiedenen Provinzen der anglikanischen Gemeinschaft abgeschlossen hatte. Ob das erklärt, warum im Jahr 1965 relativ wenig inner-altkatholische Beratung über dieses Thema stattfand, lässt sich aufgrund der Korrespondenz von De los Reyes nicht sagen. Trotzdem lässt sich die These formulieren, dass eine solche Beratung, oder überhaupt ein ausführlicher Dialog, angesichts der Identität der IFI in den 1960er Jahren aus theologischer Sicht eigentlich überflüssig gewesen wäre.

STUDIEN ZUR INTERKULTURELLEN GESCHICHTE DES CHRISTENTUMS
ETUDES D'HISTOIRE INTERCULTURELLE DU CHRISTIANISME
STUDIES IN THE INTERCULTURAL HISTORY OF CHRISTIANITY

Begründet von/fondé par/founded by
Richard Friedli, Walter J. Hollenweger und / et / and Hans Jochen Margull †

Herausgegeben von/edité par/edited by

Mariano Delgado
Université de Fribourg

Jan A.B. Jongeneel
Universiteit Utrecht

Klaus Koschorke
Universität München

Frieder Ludwig
Hermannsburg

Werner Ustorf
University of Birmingham

Die Reihe "Studien zur interkulturellen Geschichte des Christentums" arbeitet im Überschneidungsgebiet von Missions- und Religionswissenschaft, Ökumenik und Interkultureller Theologie. In historischer, sozialwissenschaftlicher und theoretischer Erforschung verfolgt sie die Frage der Identität des lokalen und globalen Christentums. Sie tut dies in Anerkennung grundlegender Transformationen (z.B. Technisierung, Globalisierung, Migration, Ökologie), der Bezugnahme auf die Andersdenkenden und Andersglaubenden und im Blick auf die Zukunft der Menschheit.

The series "Studies in the Intercultural History of Christianity" operates in an area that includes the disciplines of missiology, history of religions, ecumenics and intercultural theology. Using historical, socio-cultural and theoretical approaches it addresses the question of the identity of local and global Christianity. This is done in the light of the continuing transformations (e.g. technology, globalization, migration, ecology) and the living together of people of different faiths and persuasions in the human community.

La série « Etudes de l'Histoire Interculturelle du Christianisme » étudie les points de rencontre entre missiologie, science des religions, œcuménisme et théologie interculturelle. En utilisant les approches théoriques de l'histoire et des sciences sociales, elle fournit des éléments de réponse à la question de l'identité du christianisme local et global. Pour ce faire, elle prend en considération aussi bien les transformations profondes (p. ex. technologie, globalisation, migration, écologie), que la reconnaissance de ceux qui pensent et croient d'une manière différente, le tout en relation avec l'avenir de l'humanité.

Band 7 Lothar Engel: Kolonialismus und Nationalismus im deutschen Protestantismus in Namibia 1907-1945. Beiträge zur Geschichte der deutschen evangelischen Mission und Kirche im ehemaligen Kolonial- und Mandatsgebiet Südwestafrika. 1976.

Band 8 Pamela M. Binyon: The Concepts of "Spirit" and "Demon". A Study in the use of different languages describing the same phenomena. 1977.

Band 9 Neville Richardson: The World Council of Churches and Race Relations. 1960 to 1969. 1977.

Band 10 Jörg Müller: Uppsala II. Erneuerung in der Mission. Eine redaktionsgeschichtliche Studie und Dokumentation zu Sektion II der 4. Vollversammlung des Ökumenischen Rates der Kirchen, Uppsala 1968. 1977.

Band 11 Hans Schöpfer: Theologie und Gesellschaft. Interdisziplinäre Grundlagenbibliographie zur Einführung in die befreiungs- und polittheologische Problematik: 1960-1975. 1977.

Band 12 Werner Hoerschelmann: Christliche Gurus. Darstellung von Selbstverständnis und Funktion indigenen Christseins durch unabhängige charismatisch geführte Gruppen in Südindien. 1977.

Band 13 Claude Schaller: L'Eglise en quête de dialogue. Situation actuelle et perspective du laïcat missionnaire Catholique et Protestant de Suisse Romande. 1978.

Band 14 Theo Tschuy: Hundert Jahre kubanischer Protestantismus (1868-1961). Versuch einer kirchengeschichtlichen Deutung. 1978.

Band 15 Werner Korte: Wir sind die Kirchen der unteren Klassen. Entstehung, Organisation und gesellschaftliche Funktionen unabhängiger Kirchen in Afrika. 1978.

Band 16 Arnold Bittlinger: Papst und Pfingstler. Der römisch katholisch-pfingstliche Dialog und seine ökumenische Relevanz. 1978.

Band 17 Ingemar Lindén: The Last Trump. An historico-genetical study of some important chapters in the making and development of the Seventh-day Adventist Church. 1978.

Band 18 Zwinglio Dias: Krisen und Aufgaben im brasilianischen Protestantismus. Eine Studie zu den sozialgeschichtlichen Bedingungen und volkspädagogischen Möglichkeiten der Evangelisation. 1978.

Band 19 Mary Hall: A quest for the liberated Christian. Examined on the basis of a mission, a man and a movement as agents of liberation. 1978.

Band 20 Arturo Blatezky: Sprache des Glaubens in Lateinamerika. Eine Studie zu Selbstverständnis und Methode der "Theologie der Befreiung". 1978.

Band 21 Anthony Mookenthottam: Indian Theological Tendencies. Approaches and problems for further research as seen in the works of some leading Indian theologicans. 1978.

Band 22 George Thomas: Christian Indians and Indian Nationalism 1885-1950. An Interpretation in Historical and Theological Perspectives. 1979.

Band 23 Essiben Madiba: Colonisation et Evangélisation et en Afrique: L'Héritage scolaire du Cameroun (1885-1965). 1980.

Band 24 Katsumi Takizawa: Reflexionen über die universale Grundlage von Buddhismus und Christentum. 1980.

Band 25 Stephen W. Sykes (ed.): England and Germany. Studies in theological diplomacy. 1982.

Band 26 James Haire: The Character and Theological Struggle of the Church in Halmahera, Indonesia, 1941-1979. 1981.

Band 27 David Ford: Barth and God's Story. Biblical Narrative and the Theological Method of Karl Barth in the "Church Dogmatics". 1981.

Band 28 Kortright Davis: Mission for Carribbean Change. Carribbean Development as Theological Enterprice. 1982.

Band 29 Origen V. Jathanna: The Decisiveness of the Christ-Event and the Universality of Christianity in a world of Religious Plurality. With Special Reference to Hendrik Kraemer and Alfred George Hogg as well as to William Ernest Hocking and Pandipeddi Chenchiah. 1982.

Band 30 Joyce V. Thurman: New Wineskins. A Study of the House Church Movement. 1982.

Band 31 John D´Arcy May: Meaning, Consensus, and Dialogue in Buddhist-Christian-Communication. A study in the Construction of Meaning. 1984.

Band 32 Friedhelm Voges: Das Denken von Thomas Chalmers im kirchen- und sozialgeschichtlichen Kontext. 1984.

Band 33 George MacDonald Mulrain: Theology in Folk Culture. The Theological Significance of Haitian Folk Religion. 1984.

Band 34 Alan Ford: The Protestant Reformation in Ireland, 1590-1641. 1987. Second ed.: 1997.

Band 35 Harold Tonks: Faith, Hope and Decision-Making. The Kingdom of God and Social Policy-Making. The Work of Arthur Rich of Zürich. 1984.

Band 36 Bingham Tembe: Integrationismus und Afrikanismus. Zur Rolle der kirchlichen Unabhängigkeitsbewegung in der Auseinandersetzung um die Landfrage und die Bildung der Afrikaner in Südafrika, 1880-1960. 1985.

Band 37 Kingsley Lewis: The Moravian Mission in Barbados 1816-1886. A Study of the Historical Context and Theological Significance of a Minority Church Among an Oppressed People. 1985.

Band 38 Ulrich M. Dehn: Indische Christen in der gesellschaftlichen Verantwortung. Eine theologische und religionssoziologische Untersuchung zu politischer Theologie im gegenwärtigen Indien. 1985.

Band 39 Walter J. Hollenweger (ed.): Pentecostal Research in Europe: Problems, Promises and People. Proceedings from the Pentecostal Research Conference at the University of Birmingham (England) April 26th to 29th 1984. 1986.

Band 40 P. Solomon Raj: A Christian Folk-Religion in India. A Study of the Small Church Movement in Andhra Pradesh, with a Special Reference to the Bible Mission of Devadas. 1986. Second rev. ed.: 2004.

Band 41 Karl-Wilhelm Westmeier: Reconciling Heaven and earth: The Transcendental Enthusiasm and Growth of an Urban Protestant Community, Bogota, Colombia. 1986.

Band 42 George A. Hood: Mission Accomplished? The English Presbyterian Mission in Lingtung, South China. A Study of the Interplay between Mission Methods and their Historical Context. 1986.

Band 43 Emmanuel Yartekwei Lartey: Pastoral Counselling in Inter-Cultural Perspective: A Study of some African (Ghanaian) and Anglo-American viewes on human existence and counselling. 1987.

Band 44 Jerry L. Sandidge: Roman Catholic/Pentecostal Dialogue (1977-1982): A Study in Developing Ecumenism. Volume I. 1987.

Band 45 Friedeborg L. Müller: The History of German Lutheran Congregations in England, 1900-1950. 1987.

Band 46 Roger B. Edrington: Everyday Men: Living in a Climate of Unbelief. 1987.

Band 47 Bongani Mazibuko: Education in Mission/Mission in Education. A Critical Comparative Study of Selected Approaches. 1987.

Band 73 Robert M. Solomon: Living in two worlds. Pastoral responses to possession in Singapore. 1994.

Band 74 James R. Krabill: The Hymnody of the Harrist Church Among the Dida of South Central Ivory Coast (1913-1949). A Historico-Religious Study. 1995.

Band 75 Jan A. B. Jongeneel a.o. (eds.): Pentecost, Mission and Ecumenism. Essays on Intercultural Theology. Festschrift in Honour of Professor Walter J. Hollenweger. 1992.

Band 76 Siga Arles: Theological Education for the Mission of the Church in India: 1947-1987. Theological Education in relation to the identification of the Task of Mission and the Development of Ministries in India: 1947-1987; with special reference to the Church of South India. 1991.

Band 77 Roswith I.H. Gerloff: A Plea for British Black Theologies. The Black Church Movement in Britain in its transatlanctic cultural and theological interaction with special reference to the Pentecostal Oneness (Apostolic) and Sabbatarian movements. 2 parts. 1992.

Band 78 Friday M. Mbon: Brotherhood of the Cross and Star. A New Religious Movement in Nigeria. 1992.

Band 79 John Samuel Pobee (ed.): Exploring Afro-christology. 1992.

Band 80 Frieder Ludwig: Kirche im kolonialen Kontext. Anglikanische Missionare und afrikanische Propheten im südöstlichen Nigeria, 1879-1918. 1992.

Band 81 Werner A. Wienecke: Die Bedeutung der Zeit in Afrika. In den traditionellen Religionen und in der missionarischen Verkündigung. 1992.

Band 82 Ukachukwu Chris Manus: Christ, the African King. New Testament Christology. 1993.

Band 83 At Ipenburg: "All Good Men". The Development of Lubwa Mission, Chinsali, Zambia, 1905-1967. 1992.

Band 84 Heinrich Schäfer: Protestantismus in Zentralamerika. Christliches Zeugnis im Spannungsfeld von US-amerikanischem Fundamentalismus, Unterdrückung und Wiederbelebung "indianischer" Kultur. 1992.

Band 85 Joseph Kufulu Mandunu: Das "Kindoki" im Licht der Sündenbocktheologie. Versuch einer christlichen Bewältigung des Hexenglaubens in Schwarz-Afrika. 1992.

Band 86 Peter Fulljames: God and Creation in intercultural perspective. Dialogue between the Theologies of Barth, Dickson, Pobee, Nyamiti and Pannenberg. 1993.

Band 87 Stephanie Lehr: "Wir leiden für den Taufschein!" Mission und Kolonialisierung am Beispiel des Landkatechumenates in Nordostzaire. 1993.

Band 88 Dhirendra Kumar Sahu: The Church of North India. A Historical and Systematic Theological Inquiry into an Ecumenical Ecclesiology. 1994.

Band 89 William W. Emilsen: Violence and Atonement. The Missionary Experiences of Mohandas Gandhi, Samuel Stokes and Verrier Elwin in India before 1935. 1994.

Band 90 Kenneth D. Gill: Toward a Contextualized Theology for the Third World. The Emergence and Development of Jesus' Name Pentecostalism in Mexico. 1994.

Band 91 Karl O. Sandnes: A New Family. Conversion and Ecclesiology in the Early Church with Cross-Cultural Comparisons. 1994.

Band 92 Jan A. B. Jongeneel: Philosophy, Science, and Theology of Mission in the 19th and 20th Centuries. A Missiological Encyclopedia. Part I: The Philosophy and Science of Mission. 1995. Second rev. ed.: 2002.

Band 93 Raymond Pfister: Soixante ans de pentecôtisme en Alsace (1930-1990). Une approche socio-historique. 1995.

Band 139 Stephen R. Goodwin: *Fractured Land, Healing Nations.* A Contextual Analysis of the Role of Religious Faith Sodalities Towards Peace-Building in Bosnia-Herzegovina. 2006.

Band 140 Ábrahám Kovács: The History of the Free Church of Scotland's Mission to the Jews in Budapest and its Impact on the Reformed Church of Hungary. 1841–1914. 2006.

Band 141 Jørgen Skov Sørensen: Missiological Mutilations – Prospective Paralogies. Language and Power in Contemporary Mission Theory. 2007.

Band 142 José Lingna Nafafé: Colonial Encounters: Issues of Culture, Hybridity and Creolisation. Portuguese Mercantile Settlers in West Africa. 2007.

Band 143 Peter Cruchley-Jones (ed.): God at Ground Level. Reappraising Church Decline in the UK Through the Experience of Grass Roots Communities and Situations. 2008.

Band 144 Marko Kuhn: Prophetic Christianity in Western Kenya. Political, Cultural and Theological Aspects of African Independent Churches. 2008.

Band 145 Yang-Cun Jeong: Koreanische Immigrationsgemeinden in der Bundesrepublik Deutschland. Die Entstehung, Entwicklung und Zukunft der koreanischen protestantischen Immigrationsgemeinden in der Bundesrepublik Deutschland seit 1963. 2008.

Band 146 Jonas Adelin Jørgensen: Jesus Imandars and Christ Bhaktas. Two Case Studies of Interreligious Hermeneutics and Identity in Global Christianity. 2008.

Band 147 Brian K. Jennings: Leading Virtue. A Model for the Contextualisation of Christian Ethics. A Study of the Interaction and Synthesis of Methodist and Fante Moral Traditions. 2009.

Band 148 Jan A. B. Jongeneel / Peter Tze Ming Ng / Paek Chong Ku / Scott W. Sunquist / Yuko Watanabe (eds.): Christian Mission and Education in Modern China, Japan, and Korea. Historical Studies. 2009. Second ed.: 2010.

Band 149 Jan A. B. Jongeneel: Jesus Christ in World History. His Presence and Representation in Cyclical and Linear Settings. With the Assistance of Robert T. Coote. 2009.

Band 150 Richard Friedli, Jan A. B. Jongeneel, Klaus Koschorke, Theo Sundermeier, and Werner Ustorf. Intercultural Perceptions and Prospects of World Christianity. 2010.

Band 151 Benjamin Simon: From Migrants to Missionaries. Christians of African Origin in Germany. 2010.

Band 152 Pan-chiu Lai / Jason Lam (eds.): Sino-Christian Theology. A Theological Qua Cultural Movement in Contemporary China. 2010.

Band 153 Jan A. B. Jongeneel / Jiafeng Liu/ Peter Tze Ming Ng / Paek Chong Ku / Scott W. Sunquist / Yuko Watanabe (eds.): Christian Presence and Progress in North-East Asia. Historical and Comparative Studies. 2011.

Band 154 Jan A. B. Jongeneel: Utrecht University. 375 Years Mission Studies, Mission Activities, and Overseas Ministries. 2012.

Band 155 Wim H. de Boer / Peter-Ben Smit: *In necessariis unitas.*Hintergründe zu den ökumenischen Beziehungen zwischen der *Iglesia Filipina Independiente*, den Kirchen der Anglikanischen Gemeinschaft und den altkatholischen Kirchen der Utrechter Union. 2012.

www.peterlang.de

www.ingramcontent.com/pod-product-compliance
Lightning Source LLC
Chambersburg PA
CBHW070339100426
42812CB00005B/1368